Lernkrimi Deutsch

Der Tote im Moor

Christof Lenner
Andrea Ruhlig
Dr. Wolfgang Wegner

compact

Weitere Informationen zu Compact Lernkrimis finden Sie am Ende des Buches und unter www.lernkrimi.de.

Baierbrunner Straße 27, 81379 München
Ausgabe 2016
3. Auflage

Redaktion: Anke Fischer
Fachredaktion: Dr. Ingrid Schleicher
Produktion: Ute Hausleiter
Titelillustration: Karl Knospe
Lernkrimi-Logo: Carsten Abelbeck
Gestaltung: EKH Werbeagentur GbR, textum GmbH
Umschlaggestaltung: EKH Werbeagentur GbR; Hartmut Baier, PIXELCOLOR

ISBN 978-3-8174-9695-2
381749695/3

www.compactverlag.de, www.lernkrimi.de

Vorwort

Liebe Leserin, lieber Leser,

sicher zum Lernerfolg – mit Spaß und Spannung! Die Compact Lernkrimis mit ihrer Kombination aus Lektüre und didaktischem Übungsanteil eignen sich hervorragend, um breite Sprachkompetenzen in der Fremdsprache zu erwerben. Der Lerner wird dabei durch die spannende Handlung, das angemessene Sprachniveau und den stetig ansteigenden Schwierigkeitsgrad der Übungen gefördert und motiviert.
Entwickelt nach neuesten Erkenntnissen der Fremdsprachendidaktik, sind Compact Lernkrimis das ideale Medium für einen Lernerfolg im Selbststudium. Durch die kleinen Texteinheiten und den hohen Übungsanteil sind sie aber auch als Unterrichtslektüre bestens geeignet.

So lernen Sie mit Compact Lernkrimis:

- **Mit Begeisterung lernen:** Die packende Krimihandlung motiviert Sie beim Lesen des deutschen Originaltextes.
- **Wissen intensivieren und erweitern:** Durch die Kombination aus didaktisierter Lektüre und textbezogenen Übungen testen und trainieren Sie Ihre Sprachkenntnisse effektiv. Vokabelangaben auf jeder Seite unterstützen Sie beim Lesen.
- **Systematisch lernen:** Knüpfen Sie an Ihr individuelles Sprachniveau an und setzen Sie eigene Lernziele – linear im Schwierigkeitsgrad ansteigend oder mit punktuellen Schwerpunkten von Grundwortschatz bis Hörverstehen.
- **Unabhängig sein:** Lernen Sie ganz individuell – wo und wann Sie wollen.

Viel Spaß beim **spannend Deutsch lernen**
wünscht Ihnen

Prof. Dr. Christiane Neveling
Didaktik der romanischen Sprachen, Universität Leipzig

Inhalt

Der Tote im Moor

Christof Lenner

1 Der Tote im Moor

Es ist noch sehr früh, als Monika Endres mit ihrem Dackel Felix **Gassi geht**. Normalerweise verlässt sie das Haus erst um 9 Uhr, doch heute hat sie einen wichtigen Termin beim Arzt, daher geht sie bereits um 6 Uhr los. Frau Endres wohnt in einem schönen kleinen Dorf in der Rhön. Die Rhön ist ein Mittelgebirge in Franken, in der hügeligen Landschaft gibt es viel **unberührte** Natur. Die 250 Einwohner des kleinen Dorfes kennen sich gut, man unterstützt sich gegenseitig und feiert viele Feste.

ϟ **Gassi gehen**	mit einem Hund spazieren gehen
unberührt	der Mensch hat nicht eingegriffen
düster	unangenehm dunkel
Moor *n*	Gebiet mit sehr feuchtem, weichem Boden

Heute ist ein **düsterer** Tag im Herbst. Der Wind weht stark und es beginnt gerade zu regnen, als Frau Endres losgeht. Sie zieht ihren Mantel an, greift zum Regenschirm und macht sich auf den Weg zum Schwarzen **Moor**. Für Touristen ist das Moor eine Attraktion. Im Sommer kommen viele Menschen hierher. Sie wollen die Natur genießen und seltene Tiere und Pflanzen sehen. Damit man im Moor gefahrlos wandern kann, gibt es einen 1,8 Kilometer langen Weg auf Holzbrettern, der durch die Landschaft führt. Von hier genießt man einen wunderschönen Ausblick auf die Natur. Frau Endres nimmt mit ihrem Hund gerne diesen Weg. Gerade wenn die **Hauptsaison** vorbei ist, kommt um diese Uhrzeit niemand hierher. Das genießt sie sehr, gerade wenn sie nachdenken muss. In Gedanken ist sie bereits beim Arzttermin. Felix fängt plötzlich laut an zu bellen. **Mittlerweile** regnet es sehr stark und der Wind schlägt Frau Endres ins Gesicht.

Hauptsaison *f*	Abschnitt des Jahres, in dem besonders viele Touristen kommen
mittlerweile	in der Zwischenzeit
gespenstisch	Furcht erregend
Gestalt *f*	nicht genau bestimmte Figur
merkwürdig	man wundert sich, man glaubt etw. nicht, man zweifelt

„Was ist denn los, Felix?“, fragt sie und kann kaum die Leine festhalten, da Felix heftig daran zieht. „Wo willst du denn hin?“ Felix hebt die Nase, er riecht irgendetwas, also folgt Frau Endres ihrem Hund. Der bleibt plötzlich stehen und hört auf zu bellen. Eine **gespenstische** Ruhe tritt ein, man hört nur den Regen und den starken Wind. Auf einmal erschrickt Frau Endres, die für einen Moment glaubt, eine schwarze **Gestalt** mit langem Mantel zwischen einer Baumgruppe zu sehen. Doch im nächsten Moment ist die Gestalt auch schon verschwunden.

„**Merkwürdig**“, sagt Frau Endres zu sich selbst. Die ganze Situation ist ihr etwas

> Relativsätze geben zusätzliche Informationen zu einem Nomen oder Pronomen. Der Relativsatz steht direkt hinter dem Bezugswort und wird mit einem Relativpronomen oder Relativadverb angeschlossen. *Frau Endres, die einen Hund hat, geht spazieren. Felix ist der Hund, der bellt. Sie gehen ins Moor, wo es düster ist.*

unheimlich	es ruft ein unbestimmtes Gefühl der Furcht hervor
knurren	warnende Laute von sich geben
sich losreißen	sich schnell losmachen
Leiche *f*	Körper eines toten Menschen
Kommissar *m*	leitender Mitarbeiter der Polizei

unheimlich und sie möchte schnell wieder nach Hause. „Komm Felix, wir gehen wieder", sagt sie, doch Felix knurrt plötzlich, reißt sich von der Leine los und läuft bellend davon. „Auch das noch", ruft Frau Endres ärgerlich. Ihr bleibt nichts anderes übrig, sie muss ihren Hund suchen und wieder einfangen. „Felix, Felix, wo bist du?" Er kann nicht weit sein, denn man kann sein Bellen noch gut hören. Also folgt Frau Endres dem lauten Bellen. Nach fünf Minuten sieht sie Felix, er sitzt auf dem Pfad und bellt in das darunter liegende Moor. „Felix, da bist du ja. Komm, wir gehen." Frau Endres nimmt die Leine wieder in die Hand und will den Hund wegziehen. Doch der bewegt sich nicht von der Stelle. „Felix, was ist denn da?", fragt sie und schaut vom Weg hinab in das Moor. Was sie dort sieht, lässt sie erschrecken. Auf dem dunklen Moor erkennt sie eine menschliche Hand.

Moorleichen können sehr alt sein, da sie nicht verwesen. Die älteste bekannte Moorleiche stammt von etwa 8000 vor Christus.

Frau Endres hält den Atem an. Sie schließt die Augen und hofft, dass es nur ein Traum ist. Als sie die Augen wieder öffnet, weiß sie, dass es kein Traum ist. Im Moor liegt eine Leiche. Nachdem sich Frau Endres wieder einigermaßen beruhigt hat, nimmt sie Felix unter den Arm und rennt den Pfad entlang zurück zum Dorf.

Übung 1: **In diesem Gitternetz sind sechs Substantive versteckt, die mit Natur zu tun haben. Welche sind es?**

A	B	C	H	T	U	P
W	A	S	S	E	R	S
I	U	T	T	I	E	N
N	M	O	O	R	G	E
D	S	L	I	H	E	T
E	T	A	H	U	N	D

Für Kommissar Markus Westphal von der örtlichen Polizei ist dies eine völlig neue Situation. Normalerweise kümmert er sich um kleinere Fälle wie Ruhestörung, Diebstahl oder Drogenmissbrauch. Doch heute muss er sich nach 19 Berufsjahren zum ersten Mal mit einem Todesfall beschäftigen. Er setzt sich in das Auto und fährt durch enge Straßen hinauf in das kleine Dorf in der Rhön. Der Eingang zum Moor ist schon abgesperrt und überall laufen Polizisten herum.

„Wenn Sie die Leiche herausgeholt haben, dann sofort in die Rechtsmedizin

örtlich	es betrifft einen bestimmten Ort
Ruhestörung *f*	wenn die Ruhe gestört wird
Drogenmissbrauch *m*	verbotener Gebrauch von Stoffen, die abhängig, süchtig machen können
abgesperrt	so, dass niemand hinein kann
Polizist *m*	Person, die für die Polizei arbeitet
Rechtsmedizin *f*	medizinische Abteilung, die für die Justiz arbeitet

mit ihr“, befiehlt er den anderen Polizisten. „Und passen Sie auf, dass Sie keine **Spuren verwischen**!“ Dann wendet er sich den Dorfbewohnern zu, die mittlerweile auf dem Dorfplatz versammelt sind.
„Gibt es **Zeugen**?“, will er wissen. Frau Endres hebt die Hand. „Ihr Name?“, fragt er.
„Monika Endres.“
„Frau Endres, lassen Sie uns ins Haus gehen, dort können Sie mir alles erzählen“, **erwidert** er. Die beiden nehmen in der Küche Platz.

Spur *f*	sichtbare Veränderung, die zeigt, dass jd. oder etw. an einem Ort war
verwischen	so machen, dass man es nicht mehr erkennen kann
Zeuge *m*	Person, die (bei einem Verbrechen) etw. gesehen oder gehört hat
erwidern	antworten, entgegnen

„Möchten Sie einen Kaffee?“, fragt sie ihn. Der Kommissar nimmt das Angebot gerne an. Während Frau Endres ihm eine Tasse Kaffee reicht, holt Westphal einen Notizblock und einen Kugelschreiber aus seiner Tasche.
„Dann erzählen Sie mal“, fordert er Frau Endres auf und sie beginnt zu erzählen. Als sie die schwarze Gestalt erwähnt, fragt der Kommissar nach: „Haben Sie wirklich jemanden gesehen?“
„Ich weiß es nicht“, entgegnet Frau Endres. „Es kann sein, doch ich bin mir nicht sicher, es ging alles so schnell.“
Westphal notiert sich alles ganz genau, doch leider hilft ihm das, was die Zeugin berichtet, nicht wirklich weiter. Er bedankt sich für den Kaffee und verabschiedet sich: „Wenn ich noch Fragen habe, dann melde ich mich wieder.“

Der Kommissar verlässt das Haus und trifft draußen auf die **Spurensicherung**. Die Kollegen haben leider keine gute Nachricht: „Wir können keine Spuren erkennen, durch den Regen sind mögliche Fußabdrücke komplett **vernichtet**."
„Das ist schlecht", erwidert er. „Wir müssen wohl erst das Ergebnis der Rechtsmedizin abwarten, vorher kommen wir nicht weiter."

Spurensicherung *f*	Abteilung der Polizei, die Spuren findet, untersucht und dokumentiert
vernichten	völlig zerstören
ungeduldig	ohne Geduld, man will nicht warten
Leitung *f*	Kabel, das Signale transportiert
Obduktion *f*	Untersuchung einer Leiche, um festzustellen, woran jd. gestorben ist
ϟ **losschießen**	anfangen

Westphal ist verärgert. Es ist der erste Todesfall, den er untersucht, und es gibt keine Spuren und Hinweise. **Ungeduldig** sitzt er vor dem Telefon und wartet auf die Nachricht der Rechtsmedizin. Endlich klingelt das Telefon.
„Westphal", meldet er sich.
„Guten Tag", sagt eine angenehme Frauenstimme am anderen Ende der **Leitung**. „Ich kann Ihnen nun die Ergebnisse der **Obduktion** mitteilen."
„**Schießen** Sie **los**", antwortet der Kommissar aufgeregt und nimmt sein Notizbuch zur Hand.
„Der Tote ist ein Mann zwischen 40 und 50 Jahren, man hat ihn mit einer Pistole erschossen. In den Kopf."
„Und der Todeszeitpunkt?"
„Schwer zu sagen, etwa vor 20 Tagen."

„Haben Sie eine **DNS-Analyse** gemacht?" Westphal rutscht ungeduldig auf seinem Stuhl hin und her.
„Ja, aber die Daten passen zu keiner Person in unserer **Datenbank**."
„Alles klar, vielen Dank." Westphal legt **seufzend** auf.

Er überlegt einige Zeit, greift wieder zum Telefon und wählt die Nummer der **Vermisstenstelle**. Dort arbeitet seine gute Freundin Melanie und er hofft, durch eine Suche in der Vermisstendatenbank Hinweise auf den unbekannten Toten zu bekommen.

DNS-Analyse *f*	Untersuchung kleinster menschlicher Spuren, die nur zu einem bestimmten Menschen gehören können
Datenbank *f*	System, in dem viele Informationen (hier: über Menschen) gespeichert sind
seufzend	laut und voll Sorge atmend
Vermissten-stelle *f*	Abteilung der Polizei, die verschwundene Personen sucht
Fundort *m*	Ort, an dem etw. gefunden wird

„Melanie Galinski hier", kommt es aus dem Hörer.
„Markus Westphal hier", erwidert er.
„Markus, wie schön, dich zu hören! Wie geht es dir?"
„Mir persönlich gut, doch ich habe hier einen merkwürdigen Fall, bei dem du mir vielleicht helfen kannst."
„Nur zu, schieß los, worum geht es?" Westphal erzählt: von der Leiche, dem ungewöhnlichen **Fundort** im Moor und der Tatsache, dass es weder Spuren noch Hinweise auf den Toten oder die Täter gibt.
Melanie schmunzelt: „Nun, dann sehen wir uns doch mal alle Daten aus deiner Gegend an." Westphal hört das

Geräusch ihrer Finger auf der Tastatur und wartet. Nach ein paar Minuten hört er ein zufriedenes „Ja, hier ist etwas" am anderen Ende der Leitung. Westphal ist ganz ungeduldig.

Tastatur *f*	Tasten eines Computers
Ärztekongress *m*	Treffen mehrerer Ärzte für Vorträge und Fachgespräche
spurlos	ohne eine Spur

„Der Arzt Heiko Jasek wird seit drei Wochen vermisst", fährt Melanie fort. „Er arbeitet beim örtlichen Krankenhaus, man hat ihn zuletzt auf einem Ärztekongress in München gesehen und dort ist er spurlos verschwunden. Hier steht auch, dass bereits die Münchner Kollegen an dem Fall arbeiten." Westphal ist erleichtert, er hat einen ersten Hinweis.
„Wer ist denn der zuständige Kommissar?", will er wissen.
„Ein Kommissar Specht", antwortet Melanie. „Ich gebe dir die Telefonnummer."

Westphal ist einen Schritt weiter. Doch handelt es sich bei der Leiche wirklich um den verschwundenen Arzt? Um dies herauszufinden, bittet er die Rechtsmediziner um Fotos von der Leiche. Die Kollegen versprechen ihm, diese so schnell wie möglich per E-Mail zu schicken. Und tatsächlich, nach etwa einer halben Stunde trifft die E-Mail mit den Bildern ein.

Die beiden Wörter *das* und *dass* werden häufig verwechselt.
das ist der bestimmte Artikel oder ein Pronomen:
das Geräusch ihrer Finger auf der Tastatur
Das Telefon, das auf dem Tisch steht, klingelt.
dass ist eine Konjunktion und leitet einen Nebensatz ein:
Sie sagt, dass bereits die Münchner Kollegen an dem Fall arbeiten.

Übung 2: **Ergänzen Sie den Text mit den Präpositionen!**

auf bei mit um um

1. Der Kommissar beschäftigt sich __________ dem Fall.
2. Hinweise helfen ihm __________ der Lösung.
3. Er bittet seine Kollegen __________ Fotos.
4. Er wartet __________ eine Antwort.
5. In der Zwischenzeit kümmert er sich __________ die Post.

2 Ein merkwürdiges Krankenhaus

Westphal setzt sich in seinen alten VW Golf aus den 80er-Jahren und fährt los Richtung Krankenhaus. Das Auto funktioniert auch noch nach 30 Jahren, obwohl es überall **klappert**. Doch irgendwie **hängt** Westphal **an** dem Wagen.

‚Hoffentlich ist das der richtige Hinweis', denkt er sich, während der alte Golf die bergige, kurvenreiche Straße hinauffährt. Das Krankenhaus liegt im Wald auf einem Hügel, von hier aus kann man über die ganze Gegend blicken. Nach einer halben Stunde Fahrt ist der Kommissar fast am Ziel. Vor sich sieht er das Krankenhaus, ein hässliches Gebäude aus **Beton**, das nicht sehr einladend aussieht.

klappern	hartes Geräusch
an etw. hängen	etw. sehr mögen, etw. behalten möchten
Beton *m*	Material zum Bauen
Stufe *f*	Teil einer Treppe, auf den man tritt
erwartungsvoll	mit dem Wunsch, dass eine Sache so passiert wie erhofft

‚Hoffentlich muss ich nie hier liegen', denkt sich Westphal, während er sein Auto auf einen Parkplatz steuert. Er steigt aus, nimmt die **Stufen** zum Haupteingang und betritt das graue Gebäude. Eine freundliche Dame an der Information schaut den Kommissar **erwartungsvoll** an. Er macht wohl

Dienstmarke *f*	kleiner Gegenstand, der besonders Polizisten als Ausweis dient
Bescheid wissen	informiert sein
sorgenvoll	voll Sorge, Unruhe, Angst

nicht den Eindruck, jemanden besuchen zu wollen.
„Guten Tag, wie kann ich Ihnen helfen?", fragt sie.
Westphal zeigt seinen Ausweis und seine **Dienstmarke**: „Kommissar Westphal, Kriminalpolizei", erwidert er. „Es geht um den Arzt Dr. Heiko Jasek. Ich möchte mit jemandem sprechen, der in dieser Angelegenheit **Bescheid weiß**."
„Aber natürlich", antwortet die junge Dame. Jetzt strahlt sie nicht mehr über das ganze Gesicht, sondern sie hat nun einen etwas **sorgenvollen** Gesichtsausdruck. „Ich lasse Dr. Häring rufen, Dr. Jasek und er arbeiten im gleichen Team."
„Tun Sie das, danke", entgegnet Westphal.
Die Frau telefoniert, und der Kommissar sieht sich in der Eingangshalle des Krankenhauses um.
‚Keine schöne Umgebung zum Gesundwerden', denkt er sich.
Nach etwa fünf Minuten kommt ein großer, schlanker Mann den Gang entlang und geht direkt auf den Kommissar zu.
„Dr. Mark Häring mein Name", stellt er sich vor. „Sie haben Informationen zu Dr. Jasek?"
„Möglicherweise", erwidert Westphal. „Wir haben eine männliche Leiche gefunden. Vielleicht handelt es sich bei dem Toten um Ihren Kollegen."
„Wirklich?", entgegnet der Arzt. Er scheint von dem Besuch des Kommissars wenig überrascht.
„Ich habe hier ein paar Fotos", fährt der Kommissar fort und

holt aus seiner Tasche die ausgedruckten Bilder von der Pathologie. „Ist das der Kollege?" Der Arzt sieht sich die Bilder einige Sekunden an.

keine Miene verziehen	keine Bewegung im Gesicht zeigen
Ermittlung *f*	Untersuchung durch die Polizei
Visite *f*	Besuch eines Arztes bei den Kranken im Krankenhaus
Kommentar *m*	eigene Meinung

„Ja", erwidert er und verzieht dabei keine Miene. „Wo haben Sie ihn gefunden?"
„Das darf ich Ihnen nicht sagen, wir stecken mitten in den Ermittlungen", antwortet der Kommissar.
„Aha", entgegnet Dr. Häring. „Dann entschuldigen Sie mich bitte, ich habe jetzt Visite." Der merkwürdige Arzt dreht sich ohne weiteren Kommentar oder Gruß um und verschwindet wieder durch den langen Gang.
‚Ein komischer Typ', denkt Westphal. Er verlässt das Krankenhaus und steigt wieder in sein Auto ein. Zumindest ist er einen Schritt weiter, bei dem Toten handelt es sich wirklich um den verschwundenen Arzt. Aber warum ist die Leiche hier? Er ist doch während eines Aufenthalts in München verschwunden.

Um 9 Uhr klingelt bei Kommissar Specht in München das Telefon.
„Ja, Specht hier ... Ja, Herr Kollege Westphal ... Sprechen Sie!" Specht hört aufmerksam zu, was Westphal am anderen Ende

Verwendung von *bitte*:
- Wenn man etwas haben möchte: *Machst du das bitte? Bitte gib mir ..!*
- Wenn man jemandem etwas gibt: *Hier, bitte schön.*
- Als Antwort auf einen Dank: *Bitte sehr, gern geschehen.*
- Wenn man etwas nicht richtig verstanden hat: *Wie bitte?*

der Leitung zu sagen hat. Er ist sehr **konzentriert** und merkt nicht, dass ihm seine Sekretärin Eva Hansen eine Tasse frischen Kaffee hinstellt. Eva und der Kommissar arbeiten schon lange zusammen und sie kennt ihn sehr gut. Sie **ahnt**, dass ihr Chef wieder einen schwierigen Fall vor sich hat, wenn er sich früh am Morgen so viel Zeit für ein Telefongespräch nimmt. Specht legt den Hörer auf und schaut dann eine Zeit lang aus dem Fenster.

konzentriert	sehr aufmerksam
ahnen	vermuten, fühlen, dass etw. geschehen wird
Akte *f*	mehrere Dokumente, die zu einem Fall gehören
auftauchen	an einem Ort erscheinen

Dann wendet er sich Eva zu: „Frau Hansen, bitte bringen Sie mir die **Akten** zu dem vermissten Arzt. Das ist ungefähr drei Wochen her."

„Gerne. Gibt es Neuigkeiten in diesem Fall?"

„Ich fahre morgen nach Franken, der verschwundene Arzt aus München ist die Moorleiche in der Rhön. Bitte buchen Sie mir eine Fahrkarte. Ich muss jetzt noch in den Akten lesen."

Kommissar Specht setzt sich in seinen bequemen Sessel in der linken Ecke des Büros. Durch das Fenster sieht man direkt auf den Englischen Garten. Hier kann der Kommissar am besten nachdenken. Ein merkwürdiger Fall: Ein Arzt verschwindet vor drei Wochen von einem Ärztekongress. Zeugen sagen aus, dass er nur zur Toilette gehen will, doch er kommt nicht zurück. Nun **taucht** der Arzt in seiner Heimat als Leiche wieder **auf**. Warum?

Der Zug fährt um 10:16 Uhr ab. Kommissar Specht ist **spät dran** und kann gerade noch rechtzeitig einsteigen, bevor der Zug den Hauptbahnhof in München verlässt. Fast vier Stunden Fahrzeit und zweimal **Umsteigen** liegen vor dem Kommissar. Sein Ziel ist Mellrichstadt, eine kleine Stadt in der Rhön. Specht sieht aus dem Fenster, draußen **rauscht** die Landschaft an ihm **vorbei**. Der Herbst hinterlässt seine Spuren. Die Bäume haben Blätter in verschiedenen Farben.

‚Ein tolles Fotomotiv', denkt er. Nach fast vier Stunden erreicht Specht sein Ziel. Kommissar Westphal steht am Bahnsteig und begrüßt seinen Münchner Kollegen: „Herr Kollege Specht, herzlich Willkommen in der **Provinz**."

„Freut mich sehr, Herr Kollege Westphal", erwidert Specht und schüttelt Westphal die Hand.

„In der **Pension** um die Ecke ist ein Zimmer **reserviert**. Ich bringe Sie hin". Die beiden Polizisten gehen zu der kleinen Pension. Dort gibt es gerade mal fünf Gästezimmer. Specht **checkt ein**, bringt sein Gepäck nach oben und folgt Westphal in die Polizeistation. Sie setzen sich an Westphals Schreibtisch und sprechen sofort über den Fall.

„Eine merkwürdige Geschichte", bemerkt Specht.

spät dran	fast zu spät, gerade noch pünktlich
umsteigen	den Zug wechseln
vorbeirauschen	schnell vorbeiziehen
Provinz *f*	Gegend auf dem Land; das Wort gebraucht man häufig abwertend
Pension *f*	kleines Hotel
reservieren	für jn. aufheben
einchecken	sich anmelden (in einem Hotel, am Flughafen)

„In der Tat“, bestätigt sein Kollege. „Vor allem die Tatsache, dass der Arzt in München verschwindet und hier als Moorleiche wieder auftaucht.“

abbrechen	vorzeitig beenden
überlassen	jn. etw. tun lassen
leiten	lenken, Chef sein
Klinik *f*	Krankenhaus, Spital

„Was haben Ihre Untersuchungen denn bis jetzt ergeben?“, will Specht wissen und Westphal erzählt dem Kommissar von dem Besuch im Krankenhaus.

Übung 3: Lesen Sie weiter und ergänzen Sie die Verben mit der passenden Vorsilbe!

ab   an   auf   fort   vor

„Dieser Dr. Häring, der Kollege des Toten, benimmt sich schon sehr merkwürdig. Er erfährt von dem seltsamen Tod seines Kollegen, ist nicht überrascht und **bricht** das Gespräch plötzlich __________. Einzelheiten kennt er noch nicht, das **überlasse** ich Ihnen, weil Sie ja die Ermittlungen **leiten**“, fährt Westphal __________.

„Dann schauen wir uns diesen Dr. Häring doch mal genauer __________“, schlägt Specht __________ und die beiden Kollegen brechen __________.

Es wird bereits dunkel, als sie den Parkplatz der **Klinik** erreichen.

„Ein etwas unheimlicher Ort“, bemerkt Specht und

Patient *m*	Person, die von einem Arzt behandelt wird
Geländer *n*	Teil einer Treppe, an dem man sich festhalten kann
bleich	weiß, farblos
schwankend	sich hin und her bewegend
Pfleger *m*	Person, die sich um kranke oder alte Menschen kümmert
sich zuwenden	sich in die Richtung von etw. oder jn. drehen
Besuchszeit *f*	offizielle Zeit, in der Kranke Besuch bekommen dürfen

Westphal stimmt zu: „Ja, düster und unheimlich."
Sie betreten das Gebäude. An der Information sitzt niemand und überhaupt ist die Haupthalle des Krankenhauses menschenleer. Vier **Patienten** kommen in Hausmänteln bekleidet die Treppe herunter. Den Kommissaren fällt auf, dass sie nicht aufrecht gehen können und sich am **Geländer** festhalten. Der Gesichtsausdruck ist leer und alle sind **bleich** im Gesicht.
„Was ist das eigentlich für eine Klinik?", möchte der Kommissar wissen.
„Eine ganz normale", antwortet Westphal. „Also nicht spezialisiert auf bestimmte Krankheiten."
„Aha", murmelt Specht und beobachtet die Patienten. Sie sind mittlerweile in der Halle angekommen und laufen **schwankend** zum Ausgang. Plötzlich öffnet sich eine Tür und ein **Pfleger** geht auf die Patienten zu.
Er schreit sie an: „Wo wollt ihr hin? Was soll das? Geht wieder in eure Zimmer! Jetzt! Sofort!" Die Patienten drehen sich um und gehen wieder die Treppe hinauf.
Dann **wendet sich** der Pfleger den beiden Kommissaren **zu**: „Und wer sind Sie? Die **Besuchszeit** ist schon vorbei!", sagt er in einem sehr unfreundlichen Ton.

aufheulen	laute, lange Geräusche von sich geben
abfällig	mit negativer Bewertung

Kommissar Specht antwortet: „Ich bin Kommissar Specht und das ist Kommissar Westphal. Wir möchten mit Dr. Häring sprechen."
„Der ist nicht da", erwidert der Pfleger böse. „Und wie schon gesagt, die Besuchszeit ist vorbei, also gehen Sie jetzt! Ich muss mich um die Patienten kümmern."
Die Kommissare gehen nach draußen. Hinter ihnen fällt die Tür laut ins Schloss.
„Das ist ja eine seltsame Klinik", bemerkt Specht und sein Kollege nickt.
Ein Motor **heult auf**, ein schwarzer Porsche kommt um die Ecke gebogen und fährt mit hoher Geschwindigkeit an den beiden vorbei. Westphal kann trotz der Dunkelheit einen kurzen Blick in das Innere des Wagens werfen.
„Das war Dr. Häring", stellt er fest. „Ich bin ganz sicher! Aber angeblich ist er doch nicht da."
„Irgendetwas Merkwürdiges geht hier vor sich", murmelt Kommissar Specht. „Heute können wir wohl nichts mehr erreichen, wir kommen morgen wieder."

Am nächsten Tag machen sich Specht und Westphal schon früh auf den Weg zum Krankenhaus. Um diese Zeit herrscht normaler Klinikbetrieb. Sie betreten die Haupthalle und gehen zur Information. Dort sitzt wieder die nette junge Dame.
„Ist Dr. Häring da?", fragt Kommissar Specht ungeduldig.
„Ja, er ist im Haus, ich lasse ihn rufen", antwortet sie.

Übung 4: Finden Sie das Lösungswort! Es verrät Ihnen, wonach der Kommissar sucht. ö = oe

1. Landschaft in Franken _ ☐ _ _ _
2. Jemand, der vom Arzt behandelt wird
   _ _ _ ☐ _ _ _
3. Gegenteil von krank _ _ _ _ ☐ _
4. Synonym für Auto ☐ _ _ _ _
5. Person, mit der man zusammenarbeitet
   _ _ _ _ ☐ _ _
6. Synonym für Krankenhaus _ _ ☐ _ _ _
7. kleines Hotel _ _ _ ☐ _ _ _
8. Teil einer Treppe _ _ _ _ ☐

Lösungswort: _ _ _ _ _ _ _ _

Nach kurzer Zeit kommt Dr. Häring auch, er scheint aber nicht erfreut zu sein, die Kommissare zu sehen.
„Ah, die Polizei und dieses Mal sogar zu zweit", sagt er in einem etwas abfälligen Ton.
„Specht ist mein Name, guten Tag. Meinen Kollegen kennen Sie ja schon", erwidert der Kommissar.
„Haben Sie Neuigkeiten wegen Dr. Jasek?", will Häring wissen.
„Nicht direkt", antwortet Specht. „Wir möchten Sie zu diesem Fall befragen."
„Dann kommen Sie mal mit", erwidert der Arzt und führt die Kommissare in sein Büro. Das Büro ist sehr teuer einge-

richtet und an der Wand hängen **Urkunden**. Dr. Häring bemerkt, dass sich Kommissar Specht für die Urkunden interessiert.

„Das sind alles Auszeichnungen für meine Forschungsarbeit."

Urkunde *f*	Dokument, mit dem etw. bestätigt wird
geheim	nicht öffentlich, verborgen
Herzinfarkt *m*	plötzlicher Zustand, bei dem das Herz nicht mehr richtig arbeitet
Gefäßerkrankung *f*	Krankheit der Adern; in diesen fließt das Blut durch den Körper

Übung 5: Lesen Sie weiter und bringen Sie die Dialogteile in die richtige Reihenfolge!

a) „Das sind **geheime** Projekte, dazu kann ich nichts sagen."
b) „Nein. Nun, meine Herren, was wollen Sie wissen?"
c) „Und woran forschen Sie?", fragt Specht.
d) „Hat Dr. Jasek an den gleichen Projekten gearbeitet?", fährt Specht fort.

1	2	3	4

„Was können Sie uns über Ihren Kollegen sagen?"

„Nicht sehr viel, wir arbeiten im gleichen Team, jetzt ja nicht mehr."

„Geht es etwas genauer?", erwidert Specht.

„Ich bin Spezialist für Herzerkrankungen und Dr. Jasek ebenso. Wir behandeln **Herzinfarkte**, **Gefäßerkrankungen** und so weiter. Herr Dr. Jasek ist oder WAR mein Mitarbeiter und meine **rechte Hand**."

„Was genau hat Dr. Jasek in München gewollt?" Der

rechte Hand *f*	besonders wichtiger und enger Mitarbeiter
Fortbildung *f*	zusätzliche Ausbildung
auf dem neuesten Stand sein	aktuelles Wissen haben
orientierungslos	man weiß nicht, in welche Richtung man sich bewegt

Kommissar wird langsam ungeduldig.
„In München findet jedes Jahr eine Fortbildung statt und was tut man nicht alles, um in seinem Job auf dem neuesten Stand zu sein. Aber leider ist er ja jetzt tot."
„Was sagen Sie dazu, dass die Leiche Ihres Kollegen nicht in München, sondern hier gefunden wurde?"
Dr. Häring ist nicht sehr überrascht: „Ach wirklich?!", fragt er.
„Ja", erwidert Specht. „Wo waren Sie vorvorgestern Nacht?"
„Hier natürlich, dafür gibt es genügend Zeugen", antwortet Dr. Häring und fährt sogleich fort: „Und mehr weiß ich nicht. Wenn Sie sonst keine Fragen mehr haben, arbeite ich jetzt weiter."
„Momentan nicht, aber wir kommen bestimmt wieder", entgegnet Specht.
Die Kommissare und Dr. Häring verlassen das Büro. Auf dem Gang begegnen sie einer älteren Patientin. Sie läuft orientierungslos den Gang entlang. Außerdem geht sie nicht aufrecht und hat den gleichen Gesichtsausdruck wie gestern die Patienten in den Hausmänteln.
Dr. Häring geht auf die Patientin zu: „Frau Butzer, was machen Sie denn hier? Sie müssen doch im Bett liegen!"
Die Patientin murmelt irgendetwas Unverständliches. Dr. Häring greift zu seinem Telefon und wählt. „Frau Butzer

kleinlaut	leise, ohne Selbstvertrauen
Demenz *f*	Krankheit, die vor allem das Gehirn betrifft
⚡ **nie und nimmer**	niemals
Schwarzes Brett *n*	Tafel, an der Zettel mit Informationen aufgehängt sind
Stellenausschreibung *f*	Angebot für eine Arbeitsstelle

läuft hier herum, kommen Sie sofort und bringen Sie sie wieder auf ihr Zimmer", sagt er in einem sehr ärgerlichen Ton. Kurze Zeit später taucht der unfreundliche Pfleger vom Vortag auf.

Dr. Häring ist wütend. „Sie müssen besser aufpassen, Patienten haben hier nichts zu suchen."

„Entschuldigung, Dr. Häring", entgegnet der Pfleger **kleinlaut** und bringt Frau Butzer zurück in ihr Zimmer.

„Was hat die Patientin eigentlich für eine Krankheit?", will Specht wissen.

„**Demenz**!", antwortet Dr. Häring. „Also, meine Herren, ich habe zu tun."

Specht und Westphal verlassen das Krankenhaus.

„Also, mit diesem Dr. Häring stimmt etwas nicht", bemerkt Westphal. Specht kann dies nur bestätigen.

„Diese Patientin hat **nie und nimmer** Demenz. Meine Mutter hatte Demenz, sie konnte aber noch aufrecht laufen."

„Und was machen wir jetzt?", will Westphal wissen. „Von Dr. Häring bekommen wir wohl nicht mehr Informationen."

Specht überlegt kurz. „Haben Sie gesehen, dass Dr. Häring eine Sekretärin sucht? Am **Schwarzen Brett** war eine **Stellenausschreibung**."

„Ja, und?", entgegnet Westphal.

„Ich habe da eine Idee!", erwidert Specht grinsend.

3 Die neue Sekretärin

Eva Hansen sitzt gerade am Schreibtisch, als das Telefon klingelt.

„Hansen hier“, meldet sie sich.

„Specht hier“, kommt es aus dem Hörer.

„Chef, wie schön, machen Sie **Fortschritte** in dem Fall?“

„Bisher leider nicht, aber vielleicht ändert sich das ja. Dafür brauche ich Sie.“

„Mich?“, fragt Frau Hansen überrascht.

„Ja“, antwortet Specht. „Können Sie bitte den nächsten Zug nehmen und kommen? Und bitte bringen Sie Ihren **Lebenslauf** und Zeugnisse mit. Und etwas Hübsches zum Anziehen.“

Fortschritt *m*	positive Entwicklung
Lebenslauf *m*	Papier, auf dem die Ausbildung und die berufliche Entwicklung beschrieben ist

„Wozu denn das?“, will Eva wissen.

„Das erkläre ich Ihnen, wenn Sie da sind. Bis heute Abend also.“

Eva weiß zwar noch nicht, was der Kommissar vorhat, doch sie freut sich auf etwas Abwechslung. Und wenn sie bei der Lösung eines Falles helfen kann, umso besser. Sie fährt mit der U-Bahn nach Hause und packt einen kleinen Koffer und die gewünschten Unterlagen zusammen. Dann macht sie sich auf den Weg zum Bahnhof.

Übung 6: Ersetzen Sie die unterstrichenen Satzteile durch passende Pronomen!

1. Kommissar Specht ruft Frau Hansen an.

   ____

2. Frau Hansen ist Kommissar Spechts Sekretärin.

   ____

3. Frau Hansen soll ihren Lebenslauf mitbringen.

   ____

4. Frau Hansen packt die Unterlagen ein.

   ____

Es ist bereits dunkel, als sie endlich in Mellrichstadt ankommt. Kommissar Specht wartet schon ganz ungeduldig.
„Frau Hansen, gut, dass Sie da sind. Darf ich Ihnen meinen Kollegen, Herrn Kommissar Westphal, vorstellen?"
„Sehr angenehm, Herr Westphal."
„Ich bin ebenfalls sehr erfreut", entgegnet Westphal. Er ist überrascht, dass Specht so eine hübsche Sekretärin hat.

gespannt sein	neugierig sein
verdächtig	eine Person oder ein Gegenstand hat vielleicht etw. mit dem Fall zu tun

„Dann **bin** ich ja **gespannt**, was Sie vorhaben", sagt Eva neugierig.
„In Ordnung, also passen Sie auf." Specht erzählt die ganze Geschichte von der Moorleiche, dem Krankenhaus und dem **verdächtigen** Dr. Häring. „Und jetzt **kommen** Sie **ins**

Spiel, Frau Hansen. Dr. Häring sucht eine Sekretärin. Sie sollen sich um die Stelle bewerben und wenn Sie sie bekommen, können Sie uns Informationen beschaffen."
„Aha, so ist das", antwortet Eva. „Und wenn ich sie nicht bekomme?", fragt sie nach.
„Das klappt schon!", antwortet Specht sehr sicher. „Dr. Häring ist bestimmt froh, wenn sich eine so gut aussehende Frau bei ihm bewirbt."
Eva wird ganz rot im Gesicht.
„Das klappt bestimmt!", fährt Specht fort. „Am besten, Sie rufen gleich an."
Eva wählt die Nummer und tatsächlich bekommt sie am nächsten Tag gleich einen Termin für ein Vorstellungsgespräch.

ins Spiel kommen	teilnehmen
beschaffen	besorgen
Vorstellungsgespräch *n*	Gespräch zwischen einem Arbeitgeber und jm., der sich für eine Arbeitsstelle interessiert
Mut zusprechen	ermutigen, Hoffnung geben

Das Gespräch findet um 10 Uhr statt. Eva ist etwas aufgeregt. Sie zieht ein kurzes schwarzes Kleid an und dazu hohe rote Schuhe. Als sie sich auf den Weg zum Krankenhaus macht, spricht Specht ihr Mut zu: „Sie schaffen das, Frau Hansen. Ihre Bewerbungsunterlagen haben Sie dabei?"
Eva nickt. „Na dann viel Erfolg."
Westphal ist etwas besorgt. „Hoffentlich geht alles gut."
„Frau Hansen macht das schon", beruhigt ihn Specht.
Nach drei Stunden steht Eva mit einem Lächeln im Gesicht in der Tür. „Ich habe den Job", erklärt sie glücklich. „Morgen fange ich an."

Licht ins Dunkel bringen	durch Informationen etw. Unbekanntes aufklären

„Fantastisch!“, triumphiert Specht. „Jetzt bringen wir Licht ins Dunkel.“

Übung 7: Lösen Sie das Kreuzworträtsel!
ä = ae

1. Dr. Häring sucht eine ...
2. Frau Hansen bewirbt sich um die ...
3. Das soll sie mitbringen: Ihren ...
4. Für die Reise packt sie einen kleinen ...
5. Sie fährt mit dem ...
6. Für das Vorstellungsgespräch macht sie einen ...
7. Kommissar Specht wünscht ihr viel ...
8. Sie freut sich, denn sie hat den ...

4 Entdeckung im Keller

Die ersten drei Tage arbeitet Eva ganz unauffällig und tut das, was Dr. Häring von ihr verlangt. Er legt ihr eine mit der Hand geschriebene Liste hin und bittet sie, diese in den Computer zu übertragen. Auf der Liste stehen verschiedene Namen, viele Zahlen und merkwürdige Bezeichnungen wie „Dastrectolin“ oder „Cyclotar“.

Keller *m*	Teil eines Gebäudes, der sich unter der Erde befindet
freie Bahn *f*	Weg ohne Hindernisse

„Was ist denn das?“, fragt Eva neugierig.
„Das gehört zu einem Forschungsprojekt. Mehr müssen Sie nicht wissen“, antwortet der Arzt. „Ich bin jetzt im Keller, wenn Sie mich brauchen, rufen Sie mich an.“ Er nimmt einen Schlüssel aus der Schreibtischschublade und verlässt das Büro. Eva wundert sich, denn seit sie hier arbeitet, verbringt Dr. Häring jeden Tag längere Zeit im Keller. Nach vier Stunden kommt er zurück, legt den Schlüssel wieder in die Schublade und zieht seinen Mantel an. „Ich muss heute früher gehen, Frau Hansen. Ich bin aber auf dem Handy erreichbar.“
„Ist in Ordnung“, erwidert Eva. „Einen schönen Abend!“
‚Freie Bahn‘, denkt sich Eva. Sie möchte wissen, was dort im Keller ist. Sie nimmt den Schlüssel aus der Schublade

und **schleicht** in den Keller. ‚Hoffentlich sieht mich niemand', denkt sie sich. Auf einmal steht sie vor einer großen Metalltür. „Hier muss es sein", flüstert sie und steckt den Schlüssel ins Schloss. Er passt. Eva geht hinein, schließt leise die Tür hinter sich und macht das Licht an. Sie steht in einem kühlen Raum. Dort befinden sich nur einige Regale. In den Regalen stehen **Behälter** aus Plastik mit vielen **Tabletten** ohne Verpackung. Auf einem Behälter steht das Wort „Cyclotar", das auch auf der Liste von Dr. Häring steht. „Das ist auf jeden Fall nicht das **Medikamentenlager**", stellt sie fest. „Das ist ja in der oberen **Etage**." Eva macht mit ihrem Handy ein paar Fotos und verlässt den Keller. Sie legt den Schlüssel wieder zurück an seinen Platz, macht noch ein Foto der Liste und beendet für heute ihren Arbeitstag.

Übung 8: Welche Definition ist richtig? Kreuzen Sie an!

1. ❒ a) Ein Zeuge ist eine Person, die ein Verbrechen gesehen hat.
   ❒ b) Ein Zeuge ist eine Person, die etwas Böses getan hat.
2. ❒ a) Mit einer Tastatur kann man einen Computer bedienen.
   ❒ b) Mit einer Tastatur kann man jemanden erschießen.
3. ❒ a) Eine Urkunde ist eine Sammlung von mehreren Dokumenten.
   ❒ b) Eine Urkunde ist ein Dokument, mit dem etwas bestätigt wird.
4. ❒ a) Fortschritt ist eine positive Entwicklung.
   ❒ b) Fortschritt ist eine Wanderung in unberührter Natur.

Kommissar Specht ist schon gespannt auf die Neuigkeiten, die Eva zu berichten hat. Sie erzählt alles. Anschließend will der Kommissar die Liste sehen. Er liest sie aufmerksam.
Auf einmal fragt er: „Wie ist der Name der Patientin, die neulich bei Dr. Härings Büro war?"

schleichen	sich leise, langsam und vorsichtig bewegen
Behälter *m*	Gegenstand, in dem man etw. aufbewahren kann
Tablette *f*	Medikament in Form einer kleinen Scheibe, Pille
Medikamentenlager *n*	Raum, in dem Medizin aufbewahrt wird
Etage *f*	Stockwerk, Ebene eines Gebäudes
sich zurückziehen	weggehen, weil man Ruhe haben will

„Butzer, glaube ich", antwortet Westphal.
„Dieser Name steht hier auch auf der Liste. Sonja Butzer. Ich muss jetzt nachdenken!", erwidert Specht, verlässt die Polizeistation und zieht sich in sein Zimmer in der Pension zurück.

Was geht hier vor sich? Specht betrachtet die Liste und denkt über die Ereignisse der letzten Tage nach. Plötzlich ruft er: „Ich hab's!" Er verlässt sein Zimmer und eilt wieder zur Polizeistation. Eva Hansen und Kommissar Westphal schreiben gerade einen Bericht über die letzten Tage. Als Specht das Büro betritt, schauen ihn die beiden erwartungsvoll an.
„Ich hab's!", wiederholt er. „Erinnern Sie sich noch an die merkwürdigen Patienten? Sie konnten kaum laufen und hatten diesen leeren Gesichtsausdruck. Dr. Häring hat doch von einem geheimen Forschungsprojekt gesprochen.

Suchmaschine *f* – Angebot, das verschiedene Internetseiten nach bestimmten Merkmalen durchsucht

Und im Keller lagern verdächtige Medikamente – die Namen habe ich in eine **Suchmaschine** im Internet eingegeben, aber nichts gefunden. Unser Doktor testet dort solche Medikamente, die nicht zugelassen sind, an Menschen! Ganz bestimmt! Jetzt passt alles zusammen!"
„Das ergibt wirklich Sinn", erwidert Westphal. „Ganz bestimmt ist es so! Und Dr. Jasek hat diese Versuche entdeckt und musste deshalb sterben."
„Und wie geht es jetzt weiter?", will Eva wissen.

Übung 9: Finden Sie das Lösungswort! Es verrät Ihnen, was Dr. Häring mit den Medikamenten macht!
ü = ue

1. Wie heißt Frau Hansen mit Vornamen? _ ☐ _
2. Was soll Frau Hansen in den Computer übertragen? Eine _ _ _ _ ☐
3. Wohin geht Dr. Häring jeden Tag? In den _ _ _ _ _ ☐
4. Womit schließt Frau Hansen die Tür auf? Mit einem _ _ _ _ _ _ _ _ ☐ _ _ _
5. Wo liegt der normalerweise? In der _ _ _ ☐ _ _ _ _ _
6. Woran arbeitet Dr. Häring? An einem geheimen _ _ _ _ ☐ ☐ _ _ _ _ _ _ _ _ _ _ _
7. Was findet Frau Hansen hinter der Metalltür? Behälter mit T _ _ _ ☐ _ _ _ _

Lösungswort: _ _ _ _ _ _ _

5 Des Rätsels Lösung

Am nächsten Tag geht Eva Hansen wie gewohnt zur Arbeit. Die beiden Kommissare sind in der Nähe des Krankenhauses und warten auf ihren Anruf, sobald etwas Verdächtiges passiert.

Der Morgen läuft ab wie immer. Um die Mittagszeit kommt Dr. Häring aus seinem Büro: „Ich bin jetzt im Keller, Frau Hansen."

ϟ Mist *m*	dumme, ärgerliche Sache
Schuppen *m*	kleines, einfach gebautes Gebäude

„In Ordnung", antwortet Eva. „Ich weiß Bescheid."

Nach zehn Minuten kommt Dr. Häring zurück und Eva sieht sofort, dass etwas nicht stimmt.

„Alles in Ordnung?", fragt sie.

„Ja, alles in Ordnung", antwortet der Arzt in einem unfreundlichen Ton und verschwindet in seinem Büro. Dann hört Eva Dr. Häring ins Telefon schreien und zwar so laut, dass sie alles verstehen kann: „Du warst im Keller … Aber das Licht ist an …"

Jetzt erinnert sich Eva, dass sie vergessen hat, das Licht im Keller wieder auszumachen. ‚Mist, das war mein Fehler', denkt sie sich.

„Du kommst jetzt sofort nach draußen zum Schuppen", hört sie aus dem Büro. Dann öffnet sich wieder die Tür zum

Büro und Dr. Häring sagt zu Eva: „Ich bin jetzt für längere Zeit weg."
„Ist gut", antwortet sie.

Übung 10: Welches Wort ist das „schwarze Schaf"? Unterstreichen Sie!

1. Holz Stein Beton Wasser
2. nass düster gespenstisch unheimlich
3. knurren sehen bellen pfeifen
4. Spurensicherung Vermisstenstelle Krankenhaus Rechtsmedizin

Der Arzt verlässt das Zimmer und Eva wählt sofort die Nummer von Kommissar Specht.
„Was gibt's?", meldet der sich.
„Dr. Häring geht jetzt nach draußen zum Schuppen. Er will dort jemanden treffen. Halten Sie sich bereit."
Specht und Westphal warten in ihrem Versteck. Dr. Häring kommt aus dem Krankenhaus und läuft quer über den Parkplatz. In sicherem Abstand folgen die beiden Kommissare dem Arzt. Dieser läuft auf einen kleinen Schuppen zu. Er steht in einem Park hinter dem Gebäude. Vor dem Schuppen wartet schon der unfreundliche Krankenpfleger und raucht eine Zigarette.

sich bereit halten	so, dass man sofort reagieren kann
Versteck *n*	Ort, an dem jd. oder etw. nicht gefunden werden soll

„Los, rein!“, schreit Dr. Häring ihn an. Die beiden Männer betreten den Schuppen. Die Kommissare gehen zur Rückseite des Schuppens und lauschen.

lauschen	sehr genau zuhören
ϟ jn. kalt machen	jn. töten, jn. umbringen

„Du bringst unser ganzes Projekt in Gefahr!“, schreit Dr. Häring. „Du sollst doch nicht in den Keller!“ Jetzt hört man die Stimme des Pflegers: „Aber ich war nicht drin!“

„Wer denn sonst? Ich habe zuletzt das Licht ausgemacht! Du bist zu unvorsichtig!“

„Aber ...“, will sich der Pfleger verteidigen, doch Dr. Häring unterbricht ihn wieder:

„Seit Tagen läuft hier die Polizei herum! Und du bist schuld! Du kannst nicht einmal jemanden verschwinden lassen! Warum hast du Dr. Jasek nicht in München kalt gemacht?“

Specht und Westphal sehen sich an. Jetzt wissen sie Bescheid.

Specht flüstert Westphal zu: „Los. Wir gehen rein!“

Die beiden ziehen ihre Waffen und öffnen die Tür zum Schuppen.

„Polizei, keine Bewegung!“ ruft Kommissar Specht und zielt mit der Waffe auf Dr. Häring. Kommissar Westphal richtet seine Pistole auf den Krankenpfleger.

„Das ist ja interessant, Dr. Häring!“, freut sich Specht

Satzanfänge und Nomen werden großgeschrieben.
Nomen kann man z. B. daran erkennen, dass
- ihnen ein bestimmter Artikel vorangeht (die Kommissare)
- ihnen ein versteckter Artikel vorangeht (zum Schuppen)
- ihnen ein Possessivpronomen vorangeht (unser Projekt)
- ihnen ein Adjektiv vorangeht (längere Zeit)

und wendet sich an den Krankenpfleger. „Und Sie sind also der **Mörder**!“

Mörder *m*	Person, die jn. umgebracht, getötet hat
Gefängnis *n*	Gebäude, in dem Verbrecher festgehalten werden
jn. umbringen	jn. töten
versinken	untergehen (z. B. im Wasser)

„Du sagst nichts!“, schreit der Arzt den Krankenpfleger an.

„Doch!“, entgegnet er. „Sonst bin ich der Einzige, der ins **Gefängnis** geht!“

„Dann reden Sie!“, fordert Specht ihn auf.

Der Krankenpfleger beginnt zu erzählen. Es ist so, wie Kommissar Specht vermutet: In der Klinik macht man verbotene Versuche. Als Dr. Jasek Dr. Häring unangenehme Fragen stellt, gibt dieser dem Krankenpfleger den Auftrag, den Kollegen **umzubringen**.

„Aber warum haben Sie das nicht gleich in München erledigt?“, will der Kommissar wissen.

„Es hat dort keine Gelegenheit gegeben, also habe ich Dr. Jasek eine kleine Lüge erzählt und ihn so wieder in die Rhön gebracht.“

„Und ihn dort ermordet“, ergänzt Kommissar Specht.

„Ja, ich habe gedacht, er **versinkt** komplett im Moor“, erwidert der Pfleger.

Mit dem Imperativ werden Aufforderungen und Befehle ausgesprochen: *Du sagst nichts! Dann reden Sie!* Manchmal klingt der Imperativ für Nicht-Muttersprachler etwas unhöflich. Das ist aber in der Regel nicht so gemeint. Um höflicher zu klingen, kann man das Wörtchen *bitte* einfügen: *Fahren Sie mich (bitte) zum Bahnhof!*

Übung 11: Kreuzworträtsel. Lösen Sie das Kreuzworträtsel!
ö = oe

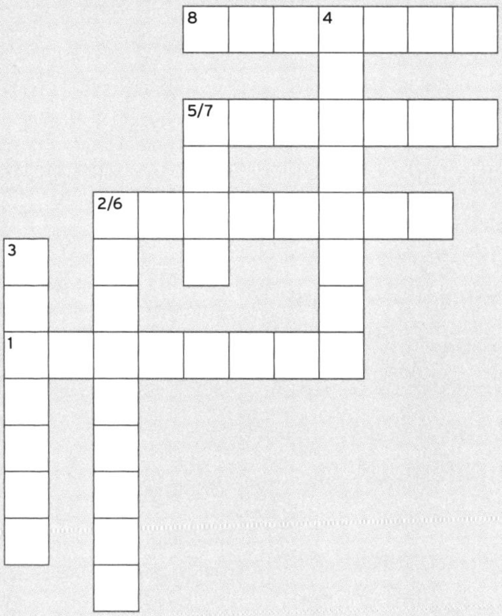

waagerecht:

1. kleines Gebäude
2. Ort, an dem man etwas verbergen kann
7. Art und Weise, etwas zu tun
8. Antwort auf eine Rätselfrage

senkrecht:

3. Waffe
4. sehr laut rufen
5. schweres Verbrechen
6. festnehmen

„Das war's dann. Meine Herren, ich verhafte Sie beide." Kommissar Westphal legt dem Arzt und dem Pfleger Handschellen an und führt sie nach draußen. Dort wartet Eva und stellt sich mit ihrer richtigen Identität vor: „Gestatten, Dr. Häring, Eva Hansen von der Polizei in München." Dr. Häring reagiert mit einem fassungslosen „Neeeiiiiiin!"

Die herbeigerufenen Kollegen führen die beiden Männer zum Polizeiauto.

„Der Fall ist gelöst!", freut sich Kommissar Westphal. „Gute Teamarbeit!", entgegnet Specht und fügt hinzu: „Fahren Sie uns bitte zum Bahnhof?"

„Aber sicher, Herr Kollege! Es hat Spaß gemacht, mit etwas außergewöhnlichen Methoden zu ermitteln."

„Das ist unser Markenzeichen, nicht wahr, Frau Hansen?" „Aber ja!", bemerkt Eva und steigt ins Auto ein. „Der nächste Fall kommt bestimmt."

jn. verhaften	jn. festnehmen
Handschellen *pl*	Schloss aus Metall, das um die Handgelenke gelegt werden kann
fassungslos	verwirrt, wenn man etw. nicht glauben kann
Markenzeichen *n*	Zeichen, an dem man z. B. eine Firma oder ein Produkt erkennen kann

Ein tödliches Treffen

Andrea Ruhlig

1 Tod am See

Daniel ist tot. Was habe ich getan?
Ich sehe ihn – wie er da liegt. **Blut** läuft über sein Gesicht, Blut ist auf seinem T-Shirt und er hört nicht auf zu bluten. Auch an meinen Händen ist Blut. Doch was ist passiert? Ich kann mich nicht erinnern.

Gestern Abend haben wir uns zum ersten Mal getroffen. Dabei kennen wir uns schon lange. Seit ich sein **Profil** im Fan-Forum gesehen habe, liebe ich ihn! Wir haben uns immer im Chat geschrieben, manchmal stundenlang. Irgendwie sind wir uns so ähnlich. Wir interessieren uns für die gleichen Themen. Wir lachen über die gleichen Witze und finden die gleichen Sachen **blöd**. Es **passt** alles zwischen uns. Dann haben wir uns verabredet. Endlich sehe ich ihn wirklich.

Blut *n*	rote Flüssigkeit, die durch den Körper fließt
Profil *n*	persönlicher Bereich z. B. in sozialen Netzwerken. Im Profil kann man Informationen zu sich selbst, seinen Interessen und Hobbys veröffentlichen.
ϟ **blöd**	dumm
passen	*hier*: stimmen
aufgeregt	gespannt, nervös

Ich fahre am Nachmittag mit dem Zug nach Münster. Ich bin ziemlich **aufgeregt**, Daniel holt mich am Bahnhof ab.

Er ist kleiner, als ich gedacht habe. Aber seine Augen sind noch schöner und sein langes, dunkles Haar sieht ganz weich aus. Am Anfang ist es etwas **komisch**. Wir sind beide **nervös**. Er spielt den Stadtführer und zeigt mir die Altstadt. Einmal reißt er mich am Ärmel zur Seite, weil von hinten ein Fahrradfahrer **angerast** kommt. Der hat mich fast erwischt und **umgefahren**.

komisch	*hier*: seltsam
nervös	unruhig, nicht entspannt
rasen	sich sehr schnell bewegen
umfahren	gegen etwas fahren, sodass es fällt (trennbares Verb)
Rolltreppe *f*	Treppe, die sich automatisch bewegt

Ich sage: „Hey, du hast mir das Leben gerettet!"
Daniel grinst nur.

Übung 1: Ergänzen Sie den Text mit den Präpositionen!

an für mit über von

1. In einem Kaufhaus fahren wir ________ der **Rolltreppe** in den ersten Stock.
2. Wir interessieren uns ________ Zeichentrickfilme.
3. Wir lachen ________ einen Film, den wir beide schon gesehen haben.
4. Wir erinnern uns ________ eine lustige Szene.
5. Ich erzähle ihm ________ meinem Lieblingsfilm.

Seeufer *n*	Rand des Sees
zusammenziehen	umziehen, die Wohnung wechseln, um gemeinsam in einer Wohnung zu leben
rauschen	sehr gleichmäßiges Geräusch machen

Am Abend gehen wir zum **Seeufer**. Es ist noch lange hell und warm. Wir setzen uns ans Wasser, ganz allein, nur wir zwei. Wir reden über alles Mögliche. Er redet mehr als ich – ich will ihn eigentlich immer nur anschauen. Er sieht meistens aufs Wasser hinaus. Oft fallen ihm seine langen Haare ins Gesicht. Dann streicht er sie mit einer Handbewegung wieder nach hinten.

Er erzählt von der Uni, er studiert Physik. Er spricht ganz begeistert von irgendwelchen Kursen. Ich verstehe nicht genau, was er meint, aber das ist auch egal. Mir reicht es, wenn ich neben ihm sitzen und ihn anschauen kann. Und wenn ich seine Stimme höre.
Doch irgendwann bin ich wieder aufmerksam. Daniel redet von Sonja. Wer ist Sonja?
„Sonja ist meine Freundin. Wir **ziehen** im nächsten Monat **zusammen**. Ein großes Bett haben wir schon gekauft. Habe ich dir nie von ihr geschrieben?“
Es fühlt sich an, als ob der Boden unter mir wegbricht. Vor meinen Augen wird es schwarz und in meinen Ohren **rauscht** es nur noch. Daniel. Und Sonja.

Und dann weiß ich nichts mehr.

Als ich wieder denken kann, liegt Daniel blutend auf dem Boden. Ich knie neben ihm und an meinen Händen ist Blut.

Langsam stehe ich auf und drehe mich um. Ich gehe zum Wasser und tauche meine Hände hinein. Ich sehe zu, wie das Blut das Wasser rot färbt. Was habe ich getan?

Übung 2: In diesem Gitternetz sind acht Adjektive versteckt, die menschliche Gefühle beschreiben. Finden Sie sie!

aufgeregt | begeistert | fröhlich (froehlich) | interessiert | nervös (nervoes) | traurig | verliebt | wütend (wuetend)

L	I	S	E	R	B	T	A	L	M
A	N	T	A	V	E	R	G	T	U
I	T	W	U	E	T	E	N	D	T
G	E	L	F	R	U	E	D	N	I
B	R	A	G	L	T	R	E	E	S
B	E	G	E	I	S	T	E	R	T
P	S	I	R	E	I	R	U	V	A
E	S	T	E	R	L	A	C	O	B
R	I	E	G	T	R	U	D	E	L
P	E	S	T	Z	U	R	E	S	H
F	R	O	E	H	L	I	C	H	K
S	T	L	U	G	I	G	Z	U	G

2 Spurensuche

„Haben Sie etwas gefunden?"

Kriminalhauptkommissarin Cora Fassbinder wendet sich an den Kollegen von der Spurensicherung. Der hebt gerade das rot-weiß gestreifte **Absperrband**, mit dem der Bereich am Seeufer abgetrennt ist. Er bückt sich unter dem Band hindurch und zieht sich die weißen Plastiktüten von den Schuhen.

> **Absperrband** *n* langer, schmaler Streifen aus Plastik

„Der Tote heißt Daniel Schuster. Hier ist sein Ausweis. Wahrscheinlich hat ein Kampf stattgefunden. Der Junge hat einige kräftige Schläge abbekommen. Und er hat sich gewehrt."

„Gibt es irgendwelche Hinweise auf den Täter?"

„Wahrscheinlich war es nur ein einzelner, keine Gruppe. Aber genau kann ich das noch nicht sagen, auf dem Boden sind zu viele Fußspuren. Kein Wunder, tagsüber gehen hier viele Leute mit ihren Hunden spazieren."

> Viele deutsche Nachnamen sind alte Berufsbezeichnungen. Der Schuster repariert Schuhe, der Fassbinder stellt runde Behälter aus Holz her.

Cora Fassbinder seufzt. Sie steckt die Hände tief in ihre Jackentaschen.

„Gut, machen Sie weiter. Vielleicht finden Sie doch noch

etwas. Wir fahren jetzt zu den Eltern."

Den Eltern zu sagen, dass ihr Kind tot ist – diese Aufgabe fällt Cora Fassbinder schwer. Es ist noch nicht lange her, dass man sie zur Hauptkommissarin befördert hat. Vorher hat sie nur dabeigestanden und betroffen geguckt, wenn ihr Chef mit den Eltern geredet hat. Jetzt muss sie selbst die schlimme Nachricht überbringen.

befördert werden	eine wichtigere, besser bezahlte Stelle bekommen
betroffen gucken	durch den Gesichtsausdruck zeigen, dass man etwas traurig findet
Kante *f*	die Stelle, an der Flächen einen Winkel bilden; hier: ganz vorne
Notizbuch *n*	kleines Buch, in das man kurze Texte schreibt, um etwas nicht zu vergessen
wirken	einen bestimmten Eindruck machen
kneten	etwas Weiches mit den Händen bearbeiten, z. B. einen Kuchenteig

„Ich muss Ihnen einige Fragen stellen. Nur mit Ihrer Hilfe können wir herausfinden, was gestern am See passiert ist." Cora Fassbinder sitzt im Wohnzimmer der Familie Schuster. Das Sofa ist weich und bequem. Das passt nicht zu ihrer Arbeit. Deshalb sitzt Cora nur auf der Kante. Auf ihren Knien liegt ein Notizbuch. Frau Schuster, die Mutter von Daniel, sitzt ihr gegenüber in einem Sessel. In ihren Händen hält sie ein feuchtes Taschentuch. Sie wirkt ganz klein und verloren.
„Wissen Sie, wo Ihr Sohn gestern war? Wollte er sich mit jemandem treffen? Jemandem von der Uni?"
„Nein, ich weiß nicht. Er erzählt nicht viel von seinen Plänen." Frau Schuster knetet das Taschentuch in ihren Händen.

zusammenzucken	eine plötzliche, heftige Bewegung machen
Kommilitone *m*	Mitstudent

„Hatte Daniel eine Freundin?"

„Sonja Gerber. Ein nettes Mädchen. Die beiden haben sich eine gemeinsame Wohnung gesucht. Sie wollen nächsten Monat zusammenziehen." Frau Schuster schluchzt leise. „Sie wollten!"

„Haben Sie die Telefonnummer von Sonja?"

„Ja, sicher." Sie zieht ihr Handy aus der Tasche ihrer Strickjacke und drückt auf ein paar Tasten. Das piepende Geräusch des Telefons lässt sie jedes Mal **zusammenzucken**.

Übung 3: Setzen Sie die passenden Pronomen ein!

dieser · keinen · man · seinen · seiner · ihm · ihre

1. Daniel erzählt ____________________ Mutter nicht viel von __________ Plänen.
2. Er trifft einen **Kommilitonen** und geht mit __________ in die Bibliothek.
3. In Bibliotheken muss __________ still sein, damit alle in Ruhe __________ Bücher lesen können.
4. Deshalb gibt es in __________ Bibliothek einen Arbeitsraum.
5. Doch dort sind alle Tische besetzt. Er findet __________ Platz.

Cora dreht sich zu ihrem Kollegen um, der am Fenster steht. Bis jetzt hat er noch nichts gesagt, sondern nur betroffen geguckt. Genau wie sie selbst früher ...
„Boris, übernimmst du das bitte? Wir brauchen Sonja. Sie soll bitte hierherkommen."
Boris Tanski nickt, **speichert** die Nummer und geht zum Telefonieren in den Flur.

speichern	in einem Computer oder Handy aufbewahren
Kalender *m*	kleines Buch mit der Liste der Tage, Wochen und Monate eines Jahres
Vorlesungstermin *m*	Zeitpunkt, zu dem ein wissenschaftlicher Vortrag an der Universität stattfindet

Cora Fassbinder dreht sich wieder zu Frau Schuster. „Hat Daniel einen **Kalender** benutzt? Irgendetwas, wo er seine Termine notiert hat?"
„Das hat er alles mit seinem Smartphone gemacht. Also, zumindest die **Vorlesungstermine**, Termine der Uni-Prüfungen und so."
Sie blickt aus dem Fenster und ihre Gedanken sind sehr weit weg von der Kommissarin. Dann schüttelt sie den Kopf und sagt: „Aber ich weiß nicht, ob er auch private Verabredungen eingetragen hat."

In diesem Moment kommt Coras Kollege wieder ins Zimmer.
„Sonja ist in einer halben Stunde hier. Und die Spurensicherung hat noch mal angerufen. Bei Daniel hat man kein Handy gefunden. Das ist doch komisch. Heutzutage hat doch jeder so ein Ding."

Augenbraue *f* schmaler Streifen Haare über dem Auge

„Das ist interessant." Cora hebt die Augenbrauen. „Können wir uns einmal in Daniels Zimmer umsehen?"

Übung 4: Lösen Sie das Kreuzworträtsel!
ü = ue

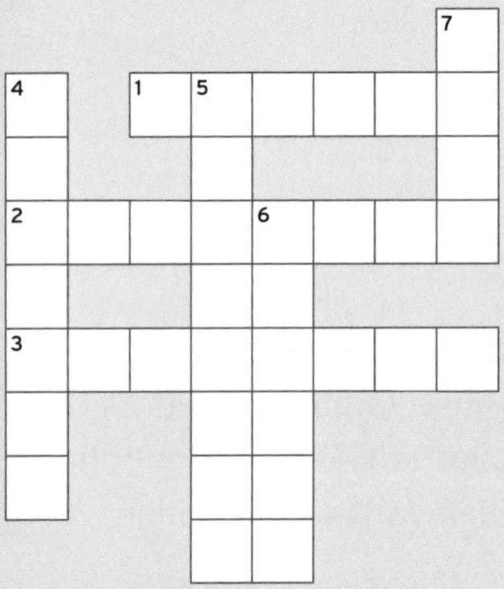

waagerecht
1. bequemes Möbel zum Sitzen
2. hierdurch betritt man ein Wohngebäude
3. die Wohnung wechseln

senkrecht
4. z. B. zwei Zimmer, Küche, Bad, Balkon
5. Möbel, an dem man isst
6. führt in einem Haus hinauf und hinab
7. Raum, der die Zimmer einer Wohnung miteinander verbindet

3 Die Flucht

Ich nehme Daniels Smartphone aus seiner Hosentasche. Ich habe die ganze Nacht neben ihm gesessen und zugesehen, wie das Blut aus ihm herausgelaufen ist. Manchmal bin ich aufgestanden und ein bisschen herumgelaufen. Die Stadt ist ganz nah, aber die Büsche und Bäume am Seeufer sind wie eine Grenze zu den Häusern. Niemand kommt hierher. Jetzt habe ich aufgehört zu weinen. Ich gehe am Wasser entlang. Langsam wird es hell. Vögel fliegen sehr niedrig über die Wasseroberfläche. Irgendwann komme ich an ein Café. Auf der Terrasse stehen Tische und Stühle ohne Kissen. Eine dicke Metallkette ist durch alle Stuhllehnen gezogen und mit einem schweren Vorhängeschloss abgeschlossen. Ich setze mich müde auf einen Stuhl und lasse meinen Kopf auf die Tischplatte sinken.

Grenze *f*	Linie, die zwei Bereiche voneinander trennt
Terrasse *f*	Platz im Freien, auf dem man sitzen kann
Stuhllehne *f*	oberer Teil eines Stuhls, an dem man seinen Rücken abstützen kann
Vorhängeschloss *n*	Schloss mit einem gebogenen Metallhaken

Artikel kennzeichnen Genus, Numerus und Kasus von Nomen. Es gibt bestimmte *(der, die, das)* und unbestimmte Artikel (*ein, eine*).

Übung 5: Welche Nomen können zu Komposita zusammengesetzt werden? Manchmal gibt es mehrere Möglichkeiten! Verbinden Sie!

1. Hosen	a) kette
2. Metall	b) kissen
3. Stuhl	c) lehne
4. Tisch	d) platte
5. Hals	e) tasche

Wenn ich meine Augen schließe, sehe ich meine blutroten Hände. Was habe ich getan? Was ist passiert?

Ich höre Daniels Stimme: „Sonja ist meine Freundin. Wir ziehen im nächsten Monat zusammen."

ϟ rummachen	sich mit jm. sexuell einlassen
ϟ checken	begreifen, verstehen

Ich bin so wütend. Ich springe auf. Ich schreie Daniel an: „Hey, was denkst du dir dabei! Wie kannst du mit einer anderen rummachen! Wir gehören doch zusammen, checkst du das nicht?"
Er sieht mich völlig überrascht aus seinen dunklen Augen an und sagt kein Wort.
Das macht mich noch wütender.
Endlich öffnet er den Mund und fragt: „Wie kommst du darauf, dass ..."

„Du und ich! Nichts sonst!“, unterbreche ich ihn. „Sag, dass du nur mich liebst! Sag, dass es keine andere gibt!“

Faust *f*	fest geschlossene Hand
Verräter *m*	Person, die getäuscht oder betrogen hat
einfallslos	ohne Ideen

Er schüttelt den Kopf. „Nein, du verstehst das falsch“, sagt er leise. „Sonja und ich ...“
Ich schlage mit den Fäusten auf ihn ein – auf die Brust, auf die Schultern, an den Kopf. Er dreht sich weg und hebt die Hände vor sein Gesicht. Er will seinen Kopf schützen. Aber er ist nicht viel größer als ich. Die Wut macht mich stark.
„Verräter!“, schreie ich immer wieder und schlage zu. Er macht einen Schritt zurück, die Arme gehoben, die Hände an seinem Kopf. Ich schlage wild auf ihn ein. Er weicht zurück. Und dann fällt er ...

Ich hebe meinen Kopf von der Tischplatte und öffne meine Hand. In ihr liegt Daniels Smartphone. Ich schalte es ein. Es dauert nicht lange, bis ich das richtige Passwort gefunden habe. Wie einfallslos. Er hat die Anfangsbuchstaben von Sonjas und seinem Namen benutzt. Das Fan-Forum, bei dem wir uns immer geschrieben haben, ist als Favorit gespeichert. Auch das Passwort ist gespeichert. Ich schüttele den Kopf.
„Ach Daniel, du machst es mir sehr leicht.“
Ich lese noch einmal die letzten Einträge. Nirgendwo gibt es einen Hinweis darauf, dass er eine Freundin hat, dass er mich nicht liebt. Er hat von einem Film geschrieben, der ihm gut gefallen hat. Ich habe gefragt: „Warum sehen wir

Lüge *f*	eine bewusst falsche Aussage
mühsam	mit großer Anstrengung
Rasseln *n*	meist unangenehmes Geräusch, das Gegenstände aus Metall machen

uns den Film nicht zusammen an?"
Deshalb haben wir uns verabredet. Deshalb bin ich nach Münster gefahren. Um einen Film zusammen zu gucken. So steht es da. Aber das stimmt nicht. Ich bin nur hierher gekommen, um ihn endlich zu sehen.
Dann lese ich meine letzte Nachricht an ihn: „Komme um 16:10 Uhr an, freue mich auf dich."

Das ist erst ein paar Stunden her und trotzdem ist nichts mehr, wie es gestern noch war. Ja, ich habe mich auf ihn gefreut. Auf ihn, aber nicht auf seine **Lügen**. Und nicht auf das, was dann geschehen ist.
Ich tippe auf das Display und schreibe: „Mir ist was dazwischen gekommen. Wir müssen unser Treffen verschieben. Nächstes Wochenende?"
Dann drücke ich die Enter-Taste. „Deine Nachricht wurde verschickt", erscheint auf dem Display.

Übung 6: Lesen Sie weiter und unterstreichen Sie im nächsten Abschnitt alle Adjektive!

Mühsam stehe ich auf, gehe langsam zum Rand des Sees und werfe das Smartphone in einem hohen Bogen in das Wasser. Ich schaue den Ringen zu, bis sie ganz verschwunden sind. Jetzt liegt der See wieder ruhig und grau vor mir. Er kommt mir vor wie ein riesiger Spiegel.

Plötzlich zucke ich zusammen. Ein lautes Rasseln zerstört die Stille. Auf der Terrasse des Cafés zieht jemand die Kette durch die Stuhllehnen. Ich sehe auf die Uhr. Gleich acht. Es ist wohl besser, wenn ich hier verschwinde.
Ich gehe zum Bahnhof, kaufe am Automaten einen Fahrschein und fahre mit dem nächsten Zug nach Hause.

Übung 7: Finden Sie das Lösungswort!
Es verrät Ihnen, wie die Erzählerin sich fühlt!

1. Wo fährt der Zug ab? ☐ _ _ _ _ _ _

2. Gegenteil von aufstehen (bei einem Stuhl)

   _ _ _ _ ☐ _ _ _ _

3. Gegenteil von schwer _ _ _ _ _ ☐

4. der Tag vor heute _ _ _ _ _ ☐ _

5. Was wirft sie in den See? _ _ _ _ _ _ _ ☐ _ _

6. Mischung aus Weiß und Schwarz ☐ _ _ _

7. Gegenteil von nehmen _ ☐ _ _ _

8. Gegenteil von hell _ _ ☐ _ _ _

Lösung: _ _ _ _ _ _ _ _

4 Internetliebe

Als Cora Fassbinder Daniels Zimmer betritt, muss sie fast lachen. Einerseits ist es ein typisches Jugendzimmer: Der Kleiderschrank, das schmale Bett und die Regale sind aus dem Billigmöbelhaus, und der Schreibtisch ist viel zu klein für einen Studenten. Auf der Schranktür kleben massenhaft Sticker. Fußballbilder, aber auch Bilder von Comicfiguren. Auf dem Regal über dem Bett stehen Comicbücher, viele davon sind japanische Mangas. Andererseits liegen auf dem Boden Papierstapel und wissenschaftliche Bücher wild durcheinander. „Physik der Atome, Moleküle und Kerne", liest sie vor. „Einführung in die nichtlineare Physik. Verstehen Sie etwas davon?", fragt sie Boris. Der steht direkt hinter ihr.

ϟ massenhaft	in sehr großer Menge vorhanden
Stapel *m*	eine Art Turm aus Büchern oder Papier
Atome, Moleküle, Kerne	Fachbegriffe der Physik

„Naturwissenschaften sind nicht meine Stärke", antwortet Boris. „Mir reicht es, wenn die Dinge funktionieren. Ich muss nicht wissen, wie und warum sie das tun."

„Ja, so geht es mir auch. Bei Daniel war das wohl anders."

In diesem Moment öffnet eine junge Frau die Zimmertür. Sie wirkt verwirrt und etwas hektisch.

„Was ist passiert? Frau Schubert hat mir gesagt, dass Daniel tot ist. Ist das wirklich wahr? Wie kann das sein?"
„Sie sind Sonja, die Freundin von Daniel?"
Die junge Frau nickt.
„Ja, Daniel ist tot. Es tut uns sehr leid. Er wurde heute Morgen am Seeufer gefunden. Er hatte eine große Wunde am Kopf. Wir wissen noch nicht, wie das passiert ist. Aber Sie können uns helfen, das herauszufinden. Wir müssen wissen, mit wem er zuletzt zusammen war. Bitte setzen Sie sich erst einmal."

Blick *m*	kurzes Anschauen mit den Augen
verlegen	etwas ist einem peinlich
Seminar *n*	Lehrveranstaltung an Universitäten, in der Themen gemeinsam erarbeitet werden

Sonja setzt sich vorsichtig auf das Bett.
„Wie kann ich helfen?" Ihr **Blick** wandert von Cora zu Boris, von Boris zu Cora. Dabei fährt ihre Hand immer wieder über die Bettdecke.
„Wann haben Sie Daniel zum letzten Mal gesehen?"
„Oh, gestern Morgen. Er hat bei mir übernachtet." Als sie das sagt, wird sie rot und sieht etwas **verlegen** aus.
„Wissen Sie, was Daniel gestern vorhatte? Wollte er sich mit jemandem treffen?"
Sonja nickt: „Er hatte bis mittags ein **Seminar** an der Uni, danach wollte er mit einem Kommilitonen in der Bibliothek lernen."
„Wissen Sie, wie dieser Kommilitone heißt?"
„Nein, leider nicht. Daniel und ich haben nicht viele gemeinsame Freunde. Von seinen Mitstudenten gehört nie-

mand dazu. Diese Physiker sind so ... Sie leben in ihrer eigenen Welt. Sie reden nur über Formeln und diskutieren über Theorien ... Wenn Daniel mit mir zusammen ist, ist er ganz anders." Sie hebt die Schultern. „Verstehen Sie, was ich meine?"

Formel *f*	kurze Bezeichnung eines naturwissenschaftlichen Sachverhalts durch eine Folge von Buchstaben, Zahlen oder Worten
komplex	etwas umfasst viele Gesichtspunkte
System *n*	Ordnung, Methode, nach der etwas organisiert ist

„Ich glaube schon. Noch eine wichtige Sache: Bei Daniel hat man kein Telefon gefunden. Uns kommt das merkwürdig vor."

„Hm, das ist wirklich komisch. Er hat sein Smartphone eigentlich immer bei sich und benutzt es auch oft. Er hat damit auch Vorlesungen aufgenommen und hinterher auf den Rechner überspielt. Wo ist denn überhaupt sein Laptop?" Sie schaut sich im Zimmer um. „Gestern Morgen hatte er es auf jeden Fall nicht bei sich. Es muss hier sein."

Auch Cora und Boris suchen jetzt nach dem Laptop. Cora schaut sich die Bücherstapel an, Boris zieht die Schubladen des Schreibtisches auf.

„Ah, hier ist es." Cora zieht den Laptop unter einem Stapel Papier hervor. „Unter den Ausdrucken zu der Vorlesung ‚Komplexe Systeme'. Daniels Ordnung war wohl auch ein komplexes System."

Die wichtigsten Satzzeichen sind:

. Punkt: Er zeigt das Ende eines Satzes an, der weder eine Frage enthält noch besonders betont wird.

? Fragezeichen: Es steht am Ende von Fragen.

! Ausrufezeichen: Es steht nach Ausrufen, Aufforderungen und Bitten.

Sonja sieht sie böse an, dann steigen ihr Tränen in die Augen.
„Es tut mir leid. Das war sehr unüberlegt von mir", sagt Cora.
„Schon gut, Sie haben ja recht."

Cora schiebt ein paar Bücher auf einen Stapel und macht so auf dem Schreibtisch etwas Platz. Sie stellt das Laptop auf den Tisch und klappt es auf.
„Kennen Sie das Passwort?", fragt sie Sonja.
„Ja. Es ist SODA. Alles großgeschrieben. Das sind die Anfangsbuchstaben unserer Namen: Sonja und Daniel."

Cora tippt die Buchstabenkombination ein und sofort öffnet sich ein Fenster. Sonja sieht ihr neugierig über die Schulter.
„Was ist das für eine Seite? Das habe ich noch nie bei Daniel gesehen."
„Sieht aus, als geht es um Animes, japanische Zeichentrickfilme. Und dies hier ist ein Fan-Forum."
„Ja, Daniel ist ganz verrückt nach diesen Filmen. Manchmal trifft er sich mit anderen Fans, dann verkleiden sich alle als Comicfiguren. Aber dass er auch Mitglied in einem Fan-Forum ist, habe ich nicht gewusst."

Kombination *f*	Zusammenstellung verschiedener Dinge
Fenster *n*	*hier*: Aktionsfläche auf dem Computerbildschirm
ϟ verrückt sein nach	etwas sehr gern mögen
verkleiden	durch bestimmte Kleidung wie eine andere Person erscheinen

Übung 8: Lösen Sie das Kreuzworträtsel! ä = ae

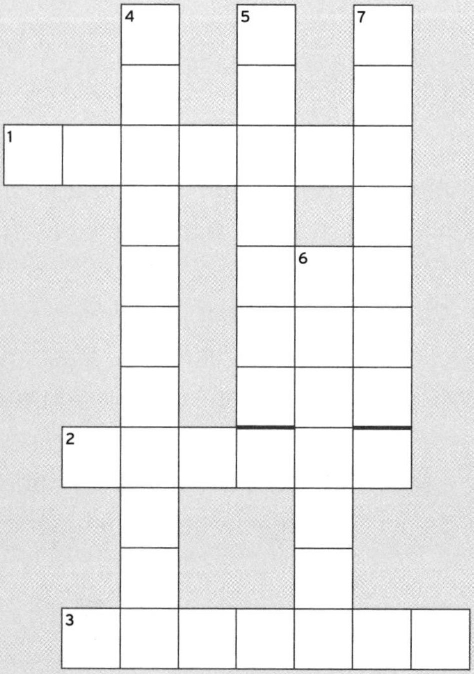

waagerecht

1. Veranstaltung an der Uni

2. viele Bücher aufeinander

3. anderes Wort für Computer

senkrecht

4. anderes Wort für Mitstudent

5. gibt es in der Hauswand und auch auf dem Bildschirm

6. Wasser in den Augen (Mz.)

7. jemanden mit dem Telefon kontaktieren

„Sein Mitgliedsname ist Atakan. Und er war hier offenbar sehr aktiv, er hat ziemlich oft geschrieben."
Boris Tanski zeigt mit dem Finger auf eine Liste mit Namen am rechten Rand des Bildschirms. „Hier, Chef. Das sind seine Favoriten. Normalerweise sind sie sortiert: Ganz oben steht der Name des Mitglieds, mit dem er am häufigsten Kontakt hatte."
„Rami", liest Sonja vor und betrachtet nachdenklich das Bild, das neben dem obersten Namen steht. Es zeigt eine weibliche Comicfigur mit langen blonden Haaren, riesigen runden Augen und sehr langen Wimpern. „Den Namen habe ich noch nic gehört. Wer ist das? Warum hat mir Daniel nie davon erzählt?"

Wimper *f*	kurzes Haar am Rand des Augenlides
Sprechblase *f*	gezeichnetes Element, besonders in Comics, wobei eine Linie eine Äußerung umschließt
absagen	sagen, dass man nicht kommt

Cora klickt auf den Namen. Es öffnet sich eine neue Seite. Auf der sind viele Sprechblasen zu sehen – Nachrichten von Atakan an Rami, von Rami an Atakan.
„Rami hat zuletzt geschrieben: ‚Komme um 16:10 Uhr an, freue mich auf dich.'" Boris liest laut, obwohl alle drei auf den Bildschirm sehen. „Und Atakan hat geantwortet: ‚Mir ist was dazwischen gekommen. Wir müssen unser Treffen verschieben. Nächstes Wochenende?'"
„Aha!", ruft Cora. „Rami und Atakan hatten also eine Verabredung. Aber Daniel hat sie abgesagt, weil ihm etwas dazwischen gekommen ist. Das muss wohl etwas Wichtiges

Telefongesellschaft *f*	Firma, mit der man einen Vertrag abschließt, um telefonieren zu können

gewesen sein. Jetzt müssen wir nur noch herausfinden, was das war."

Sie überlegt einen Moment. Dann sagt sie: „Boris, du kümmerst dich bitte um die Telefongesellschaft. Wir brauchen eine Liste aller Telefongespräche, die Daniel in den letzten Tagen geführt hat. Vielleicht hilft uns das weiter. Ich fahre zur Uni und suche nach Daniels Kommilitonen. Hoffentlich lernen die auch am Sonntag. Wir müssen unbedingt wissen, mit wem Daniel gestern Abend zusammen war."

Übung 9: Welches Wort oder welche Wendung passt nicht zu den anderen? Unterstreichen Sie!

1. seltsam merkwürdig lustig komisch
2. interessiert gleichgültig neugierig gespannt
3. zuletzt am Ende zum Schluss vorher
4. sorgen für jemanden sich kümmern um jemanden sich Sorgen machen um jemanden jemanden umsorgen
5. manchmal oft häufig meistens

5 Licht ins Dunkel

Cora steht im ersten Stock der Uni-Bibliothek. An der Information hat man ihr gesagt, dass sich die Physikbücher hier befinden. Sie schaut sich etwas ratlos um. Dann sieht sie eine junge Frau, die einen Wagen voller Bücher vor sich her schiebt. Dabei kaut sie sehr intensiv auf einem Kaugummi.
„Hallo, vielleicht können Sie mir helfen. Ich suche einen Physikstudenten."
Die junge Frau sieht sie gelangweilt an und schiebt ihren Kaugummi zwischen die Zähne. „Davon gibt's hier eine Menge", sagt sie unfreundlich. „Gucken Sie mal im Lesesaal." Sie deutet mit dem Kopf zu einem Raum an der Seite. „Dort darf man aber nicht reden."

deuten	zeigen
zögernd	nicht entschlossen, man wartet mit einer Handlung

Cora seufzt und geht dann zum Lesesaal. Dort sitzen viele Studenten – jeder hat einen Laptop und mehrere Bücher vor sich. Niemand hebt den Kopf, als sie den Raum betritt. Zögernd geht sie von Tisch zu Tisch. Da entdeckt sie auf einem der Stapel „Physik der Atome, Moleküle und Kerne", das Buch, das sie schon bei Daniel bemerkt hat.
„Hallo", sagt sie zu dem Studenten, der hinter den Büchern

kaum zu sehen ist. „Kennen Sie Daniel Schuster?“ Dabei schiebt sie ihre Dienstmarke der Kriminalpolizei Münster über den Tisch. Der junge Mann wirft einen Blick auf den Ausweis. Dann schiebt er ihn zurück, schaut Cora in die Augen und antwortet: „Ja, warum?“

„Weil wir unbedingt wissen müssen, wo Daniel gestern war. Vor allem gestern Abend.“

„Psst!“

starren	lange auf eine Stelle, in eine Richtung blicken
zornig	wütend
↯ etw. anstellen	etw. Dummes machen
blass	mit weißer Haut, ohne die rote Farbe des Blutes

„Ruhe hier!“

Obwohl Cora leise gesprochen hat, starren mehrere Studenten zornig zu ihr herüber.

‚Wenn Blicke töten könnten …‘, denkt sie. Sie sieht den jungen Mann noch einmal fragend an. Der zuckt mit den Schultern, steht auf und geht vor ihr her zur Tür. Dort dreht er sich um und fragt: „Was ist? Hat Daniel etwas angestellt? Dann sage ich Ihnen mit Sicherheit nichts.“

„Daniel hat nichts angestellt und er kann auch in Zukunft nichts mehr anstellen. Daniel ist tot.“

Der Student wird plötzlich sehr blass. „Was … wie …“

„Ich kann Ihnen leider nicht mehr sagen“, unterbricht Cora ihn. „Aber ich muss wissen, mit wem er gestern lernen wollte.“

Münster ist die Fahrradstadt Deutschlands. In der Universitätsstadt leben 300.000 Menschen, die insgesamt etwa 500.000 Fahrräder besitzen. Viele Einwohner von Münster fahren lieber mit dem Rad als mit dem Auto oder mit dem Bus.

„Mit mir. Wir haben uns gestern Mittag hier in der Bibliothek getroffen und uns einen freien Arbeitsplatz im Erdgeschoss gesucht. Um halb vier ist Daniel dann weg. Er wollte am Bahnhof jemanden abholen. Mehr weiß ich nicht."

„War er da irgendwie anders als sonst? Vielleicht aufgeregt oder so?"

„Nein, er hatte es nur eilig. Er wollte nicht zu spät kommen. Aber sonst war er wie immer."

Cora seufzt leise. „Kennen Sie jemanden mit dem Namen Rami?", fragt sie dann.

„Nein, nie gehört. Kann ich jetzt weiterlernen? Ich habe nächste Woche eine Prüfung."

„Ja. Schreiben Sie mir bitte auf, wie wir Sie erreichen können." Dabei hält sie ihm ihren Notizblock und einen Stift hin. „Und wenn Ihnen noch etwas einfällt, rufen Sie uns bitte an." Sie gibt ihm eine **Visitenkarte.** Auf der stehen zwei Telefonnummern: ihre Büronummer und die Nummer ihres Mobiltelefons.

Visitenkarte *f*	kleine Karte mit Namen und Adresse
etw., jn. übersehen	etw., jn. nicht sehen, nicht wahrnehmen
stöhnen	mit einem Laut ausatmen

In diesem Moment klingelt es in ihrer Jackentasche. Cora nickt dem Studenten zu, dreht sich um und fragt: „Boris, gibt's was Neues?"

„Ja, Chef, wir haben etwas **übersehen**. Als Atakan die letzte Nachricht im Fan-Forum geschrieben hat, war Daniel schon längst tot."

Cora **stöhnt** leise auf. Dass sie das nicht sofort überprüft hat, ist ein echter Anfängerfehler.

„Dann müssen wir wohl nach Rami suchen."
„Schon erledigt." In Boris' Stimme ist zu hören, dass er stolz auf sich ist. „Ihr richtiger Name ist Mira Uhlstein, sie wohnt in Oldenburg."
„Mi-ra – Ra-mi ... Dann nichts wie los."

Übung 10: Bringen Sie die Buchstaben in die richtige Reihenfolge und finden Sie das Lösungswort!
ü = ue

1. P A L E S T _ _ _ _ _ □
2. A L E S S A L E _ _ _ □ _ _ _ _
3. F O R I N T I M A N O _ _ _ _ □ _ _ _ _ _ _
4. T I N O E N Z □ _ _ _ _ _ _
5. R E C H U E B _ _ □ _ _ _ _
6. F R U E N P U G _ _ _ _ _ _ □ _

Lösung: _ _ _ _ _ _

Nach fast zwei Stunden Fahrt mit dem Auto stehen sie in Oldenburg vor einem weiß gestrichenen Einfamilienhaus. Ein schmaler Weg führt durch den kleinen Vorgarten zur Haustür. An der Tür hängt ein selbstgetöpfertes Schild: Willkommen bei Familie Uhlstein.
Cora klingelt. Eine Frau öffnet die Tür und sieht sie neugierig an.
„Guten Tag. Sind Sie Frau Uhlstein, die Mutter von Mira?"

überwachen	kontrollieren
Türrahmen *m*	Teil der Wand, an dem die Tür befestigt ist
Türklinke *f*	Griff an der Tür

Während Cora das sagt, zieht sie ihre Dienstmarke aus der Tasche und hält sie vor sich.
Die Frau sieht jetzt erschrocken aus. „Ist etwas mit Mira? Sie liegt oben im Bett. Kommen Sie doch herein."
„Wir müssen dringend mit Ihrer Tochter reden. Können wir bitte zu ihr?"
„Muss das sein? Es geht ihr nicht gut. Sie schläft gerade und ich möchte sie nicht wecken."
„Wo war sie denn gestern Abend und wann ist sie nach Hause gekommen?" fragt Cora.
„Das weiß ich nicht", antwortet die Frau und presst dann ihre Lippen aufeinander. „Unsere Tochter ist erwachsen. Sie kann machen, was sie will. Wir **überwachen** sie nicht."
„Gut, dann müssen wir sie wecken. Es ist wirklich sehr wichtig."

Sie müssen mehrmals an die Tür von Miras Zimmer klopfen, dann antwortet eine Stimme: „Mama, lass mich in Ruhe."
„Kriminalpolizei Münster. Bitte machen Sie auf. Wir haben ein paar Fragen an Sie."
Dennoch dauert es eine Weile. Endlich öffnet Mira die Tür. Sie lehnt am **Türrahmen** und hält die **Türklinke** fest in der Hand. Sie sieht müde aus. Und obwohl sie ihre Augen sorgfältig geschminkt hat, sieht man, dass sie geweint hat.

verschränken	gekreuzt zusammenlegen
Haufen *m*	Menge von nicht geordneten Dingen aufeinander
entsetzt	sehr erschreckt

Auch ihr zeigt Cora ihre Dienstmarke. „Wo waren Sie gestern Abend?"

„Zu Hause. Ich hab' ferngesehen."

„Aha. Dafür gibt es wohl keine Zeugen, oder? Kennen Sie Daniel Schuster?"

Mira reißt die Augen auf. „Daniel Schuster? Atakan. Wir schreiben uns nur ab und zu. Ich kenne ihn nicht persönlich."

„Sie hatten gestern eine Verabredung mit ihm."

„Stimmt, aber er hat abgesagt."

„Das stimmt nicht", sagt Cora und dabei betont sie das erste Wort besonders stark. „Tote schreiben keine Chatnachrichten."

„Ich sag' nichts mehr." Mira **verschränkt** die Arme vor ihrer Brust und dreht den Kopf zur Seite. Cora nutzt diese Gelegenheit und drückt die Tür ganz auf. Sie tritt schnell ins Zimmer und sieht sich um. Eine Jeans, ein Pulli und ein T-Shirt liegen auf einem **Haufen** neben dem Bett.

„Sind das die Sachen, die Sie gestern getragen haben?" Dabei hebt sie den weißen Pulli hoch. Schnell greift Mira danach, doch Cora hält ihn fest. Mira schaut **entsetzt** zu Cora und dann auf den Pulli. Vorne und an den

Negierte Aussagen macht man mit *nicht* und *kein*. Steht *nicht* am Satzende, so verneint es den ganzen Satz: *Das stimmt nicht.* Es kann aber auch nur einzelne Wörter verneinen: *Ich kenne ihn nicht persönlich.*
kein wird verwendet, um Nomen zu negieren: *Tote schreiben keine Chatnachrichten.*

Ärmeln hat der Pulli dunkelrote **Flecken**.

> **Fleck** *m* — schmutzige Stelle

Miras Gesicht wirkt jetzt wie ein Stein – ganz hart und grau. Langsam lässt sie sich auf das Bett sinken.
„Ich nehme an, das ist Daniels Blut. Wollen Sie uns nicht sagen, was passiert ist?"
„Aber ich weiß es doch nicht!"
„Woran erinnern Sie sich denn? Fangen Sie einfach mit gestern Morgen an."
„Ja, ich war in Münster und habe mich mit Daniel getroffen. Erst war es ganz toll, aber dann haben wir uns gestritten. Warum erzählt er mir auch plötzlich von dieser Freundin? Für sie war überhaupt kein Platz in seinem Leben. Ich habe ihn doch geliebt."
„Und deshalb haben Sie ihn umgebracht?"
„Nein!", schreit Mira auf. „Ich weiß nicht! Plötzlich lag er da und hat geblutet."

In diesem Moment klingelt wieder Coras Telefon. „Fassbinder", meldet sie sich. „Aha, ja, hm, ok."
Während des Telefongesprächs schaut Mira sie mit großen, ängstlichen Augen an.
„Das war die Rechtsmedizin. Sie ist mit der Untersuchung der Leiche fertig. Sie sagen, Daniel ist mit dem Kopf auf einen Stein geschlagen. Vermutlich ist er gestolpert und gefallen. Dann war es also ein Unfall."
„Ein Unfall!" Mira greift erleichtert nach Coras Hand. „Dann war es nicht meine Schuld!"
Cora zieht ihre Hand langsam weg und sagt: „Allerdings

verbluten sterben, weil man zu viel Blut verliert

war er nicht sofort tot. Er ist langsam **verblutet**. Wenn Sie rechtzeitig Hilfe geholt hätten ..."

Übung 11: Welche Aussagen sind richtig? Kreuzen Sie an!

1. Daniel holt Mira vom Bahnhof ab. ☐
2. Er will mit ihr zusammenziehen. ☐
3. Die Spurensicherung findet auf Daniels Smartphone Miras Telefonnummer. ☐
4. Mira ist schuld an Daniels Tod. ☐

Sein letztes Lied

Dr. Wolfgang Wegner

1 Eine schreckliche Entdeckung

„Heute wird wieder ein schöner Tag!“ Hans Nissen öffnet gerade einen weißen Strandkorb. Die Touristen an der Nordsee lieben diese besonderen Möbel, in denen man sitzen oder liegen kann und gleichzeitig vor Sonne und Wind geschützt ist. Sogar Schubladen und kleine Tischchen gibt es in einem Strandkorb. Die Körbe bleiben über Nacht stehen, aber sie werden abgeschlossen. Erst im Herbst bringt man sie in eine Lagerhalle. Dort gehen sie im Winter nicht kaputt. An der Nordsee ist es oft sehr stürmisch und kalt.

Schublade *m*	Kasten, den man herausziehen kann
stürmisch	Wetter mit sehr viel starkem Wind

Hans und sein Kollege Jens arbeiten schon seit vielen Jahren zusammen. Im Sommer sind sie jeden Morgen um dieselbe Zeit an dem Strand der kleinen Insel.

„Komm, wir machen eine Pause“, meint Jens. „Wir haben noch Zeit, bis die ersten Touristen kommen.“

„Gute Idee!“ Hans lacht fröhlich und nimmt eine Tasche aus dem kleinen Lieferwagen, mit dem sie hierher gekommen sind.

„Ich habe leckere Brötchen dabei!“, ruft Hans seinem Kollegen zu und hält eine Papiertüte in die Luft.

„Und ich habe einen Bärenhunger! Ich habe heute zu Hause nichts gefrühstückt." Jens streicht mit der Hand über seinen Bauch.

Übung 1: Bringen Sie die Buchstaben in die richtige Reihenfolge!

1. BLAURU ______________________
2. NSTRAD ______________________
3. SERAWS ______________________
4. ENOSN ______________________

Zwischen den Dünen und dem Wasser steht eine Strandbar. Sie gehört zum Hotel „Nordsee". Hier können sich die Gäste des Hotels mit Getränken erfrischen und es gibt auch ein paar Kleinigkeiten zu essen. Vor der kleinen Hütte aus Holz sind große Sonnenschirme, mehrere Tische und Sitzbänke fest in den Boden montiert.

ϟ Bärenhunger *m*	sehr großer Hunger
Düne *f*	Hügel aus Sand (am Meer, in der Wüste)
montieren	mehre Teile miteinander verbinden, zusammenbauen
stapfen	auf weichem Boden (Schnee, Sand) gehen

Um diese frühe Zeit am Morgen ist außer Hans und Jens noch niemand dort und die beiden freuen sich auf einen ruhigen Platz für ihr Frühstück. Gut gelaunt stapfen sie durch den Sand.

stemmen	*hier*: die Hände an die Hüften legen, die Ellbogen zeigen nach außen
Schlafender *m*	Person, die schläft
packen	fest greifen

Als sie die Hütte erreichen, entdeckt Jens etwas, das ihm überhaupt nicht gefällt. Er bleibt stehen und **stemmt** die Hände in die Hüften.

„Hans, schau mal, da liegt schon wieder so einer!", ruft er und zeigt mit dem ausgestreckten Arm zu den beiden grünen Müllcontainern hinter der Hütte. Zwischen ihnen sieht man ein Paar Beine, die zu einem Mann gehören.

„Na, den machen wir gleich wieder fit!", ruft Hans ärgerlich. Es ist nicht das erste Mal, dass die Arbeiter hinter der Bar einen **Schlafenden** entdecken, der am Abend zuvor zuviel gefeiert und getrunken hat. Jedesmal müssen sich Hans und Jens um die Person kümmern. Ein paar Mal mussten sie auch den Krankenwagen rufen.

Übung 2: Welche Aussagen sind korrekt? Markieren Sie mit richtig ✔ oder falsch – !

1. Jens und Hans sind zwei Touristen. ❐
2. Die Strandkörbe werden nachts weggebracht. ❐
3. Die Strandbar hat viele Sitzmöglichkeiten. ❐
4. An der Strandbar gibt es einen Müllcontainer. ❐
5. Hans sieht einen Mann am Boden liegen. ❐

Mit wenigen Schritten erreicht Hans den Mann. Er liegt auf dem Bauch. Hans **packt** ihn an den Schultern und dreht

Du liebe Güte!	Ausruf des Erschreckens
rundlich	ein wenig dick
außer Atem	erschöpft
Hand vor den Mund schlagen	vor Schreck den Mund mit der Hand bedecken
Um Gottes Willen!	Ausruf des Erschreckens

ihn mit einem kräftigen Ruck um.
„Du liebe Güte!", ruft er und springt einen Schritt zurück, weil er sehr erschrocken ist. Das weiße Hemd des Mannes ist blutig rot, seine Augen sind geöffnet und blicken den Arbeiter starr an.
„Was ist los?", fragt Jens und kommt langsam näher.
„Der ist tot!", antwortet ihm sein Kollege mit zitternder Stimme. „Wir müssen die Polizei und den Hoteldirektor rufen!"

Hoteldirektor Ludwig Schuster ist ein kleiner, rundlicher Mann mit stoppeligen grauen Haaren. So schnell wie möglich ist er vom Hotel an den Strand gerannt. Jetzt laufen Schweißtropfen an seiner Schläfe herunter, sein Gesicht ist rot und er ist ganz außer Atem.
Vorsichtig geht er zu dem Toten und schaut ihn sich an. Der Hoteldirektor erschrickt und schlägt die Hand vor den Mund.
„Um Gottes Willen", sagt Schuster mit leiser Stimme. „Das ist doch Max Immerding."

Nebensätze mit *weil* und *dass*:
weil ist eine kausale Subjunktion, mit der ein Grund, eine Ursache ausgedrückt wird (*weil er erschrocken ist*).
Man beantwortet damit die Frage *Warum?* Auch *dass* ist eine Subjunktion, die Nebensätze einleitet.
In Nebensätzen, die mit unterordnenden Konjunktionen beginnen, steht das Verb am Ende: *Warum glauben Sie, dass der Hund hier am Strand ist?*

Übung 3: Welchen Beruf hat Max Immerding? Finden Sie die Gegenteile!

1. trocken _ _ _ □
2. warm _ □ _ _
3. hoch _ _ □ _
4. fern □ _ _
5. alt _ _ _ □
6. tot _ _ _ □ _ _ _ _
7. fröhlich _ □ _ _ _ _ _

Lösung: _ _ _ _ _ _ _

„Wir müssen den Weg zum Strand sperren", sagt der Direktor zu den beiden Arbeitern. „Bald kommen die ersten Urlauber. Die dürfen das hier auf keinen Fall sehen! Es gibt schon genug Aufregung, wenn die Polizei hier ist."
Jens und Hans machen sich sofort an die Arbeit. Sie stellen ein kleines Gitter quer auf den schmalen Weg zwischen Hotel und Strand und befestigen daran ein Schild mit der Aufschrift „Durchgang verboten". Dann gehen sie zurück zur Strandbar und warten gemeinsam mit Ludwig Schuster auf die Polizei.

Gitter *n* — Konstruktion, um Öffnungen und Wege zuzumachen

2 Wo ist Jackie?

Kommissar Sven Richter lebt seit einem Jahr auf der kleinen Insel. Nach seiner Ausbildung war er zuerst bei der Hamburger Kriminalpolizei und wurde dann hierher versetzt. Das kleine Polizeirevier besteht aus ihm und vier Streifenpolizisten. Meistens ist die Arbeit ziemlich langweilig, denn außer ein paar Diebstählen gibt es hier keine Verbrechen.

Als der Anruf der beiden Arbeiter kommt, kann Sven Richter zuerst nicht glauben, was er hört. Ein Mord auf der Insel! Sofort informiert er die Kriminaltechniker; die müssen aber erst mit dem Helikopter aus Bremen kommen. Dann fährt er zum Strand, wo Hoteldirektor Schuster und die beiden Arbeiter auf ihn warten. Zum Glück sind noch keine Touristen am Strand, aber das wird sich bald ändern.

jn. versetzen	jn. von einem Ort zu einem anderen schicken, um dort zu arbeiten
Polizeirevier *n*	Gebäude der Polizei
Streifenpolizist *m*	Polizist in Uniform
Kriminaltechniker *m*	Polizeibeamte, die Spuren eines Verbrechens untersuchen
gründlich	sorgfältig, genau

Der Kommissar kniet sich neben den Toten und untersucht ihn gründlich. Die beiden Arbeiter und der Hoteldirektor

halten einen großen **Abstand** und beobachten die Arbeit des Kommissars. Der schreibt immer wieder in ein kleines Notizbuch.

Nach einer Viertelstunde beendet Kommissar Richter seine Untersuchung und geht zu der kleinen Gruppe.

„Man hat den Mann erschossen", stellt er fest. „So, wie die **Wunde** aussieht, war der Täter nicht weit von seinem Opfer entfernt."

Der Kommissar wendet sich an den Hoteldirektor. „Kennen Sie ihn?", fragt er Ludwig Schuster. Der ist immer noch ganz aufgeregt.

„Ja, das ist Max Immerding. Er wohnt ..." Der Direktor macht ein betroffenes Gesicht und verbessert sich dann: „Ich meine, er hat seit vier Wochen bei uns gewohnt."

Übung 4: Ersetzen Sie die unterstrichenen Satzteile durch die entsprechenden Pronomen!

ihn sie er ihm

1. <u>Kommissar Richter</u> ist der einzige Kriminalpolizist.

   ____

2. Der Kommissar kniet neben <u>dem Toten</u>.

   ____

3. <u>Die Nordseeinsel</u> ist bei Touristen beliebt.

   ____

4. Der Hoteldirektor kennt <u>Max Immerding</u>.

   ____

Abstand halten	auf eine bestimmte Entfernung zu etwas anderem achten
Wunde *f*	Verletzung der Haut
verbringen	eine bestimmte Zeit an einem Ort sein
zögern	etw. nicht tun, weil man unsicher ist
Schlager *m*	Lied mit einfacher Melodie und einfachem Text

„Er hat schon seit vier Wochen in Ihrem Hotel gewohnt?" Der Kommissar ist überrascht.
„Ja", antwortet der Direktor. „Er kommt immer im Sommer hierher und **verbringt** mehrere Wochen in unserem Haus. Er muss sich von seinen Konzerten erholen. Aber ..."
„Aber was?", fragt der Kommissar, als Ludwig Schuster **zögert** und eine Pause macht.
„Nun ja", fährt der Hoteldirektor fort. „Vor 20 Jahren war Immerding ein bekannter **Schlager**sänger. Aber jetzt kennt ihn kaum noch jemand. Er singt bei kleinen Festen in Dörfern und bei Unternehmen. Ich glaube, er war sehr einsam."
„Aha." Der Kommissar schreibt in sein Notizbuch. „Wann haben Sie ihn zuletzt gesehen?"
„Oh, das weiß ich nicht mehr so genau." Schuster kratzt sich am Kopf. „Wir haben so viele Gäste im Hotel."
„Ich verstehe", murmelt der Kommissar und schreibt wieder etwas auf. Dann dreht er sich zu den beiden Arbeitern um, die den Toten gefunden haben.
„Und jetzt zu Ihnen beiden. Erzählen Sie mir genau, wo Sie heute Morgen waren und was Sie getan haben."
Die beiden Arbeiter sind immer noch etwas durcheinander, denn sie hatten noch nie etwas mit einem Verbrechen zu tun. Nacheinander berichten sie dem Kommissar, wie ihr Tag begonnen hat.

Übung 5: Lesen Sie weiter und ergänzen Sie die Verben!

parkt | aufstehen | essen | bringt | arbeitet | gefahren

Jens ist zusammen mit seiner Frau, die als **Arzthelferin** ________, aus dem Haus gegangen und dann direkt zum Lagerhaus der Stadtverwaltung ________. Dort ist eine kleine Werkstatt und er ________ den Lieferwagen in der Halle.

Da seine Frau noch früher ________ muss, weil sie zur Arbeit aufs **Festland** fährt, ________ Hans immer seine kleine Tochter zum Kindergarten. Auf dem Weg zum Lagerhaus hat er die frischen belegten Brötchen gekauft, die die beiden Männer an der Strandbar ________ wollen.

Während die beiden Arbeiter berichten, fällt dem Kommissar auf, dass sich der Hoteldirektor merkwürdig verhält. Er **sieht sich** nach allen Seiten **um**.

Arzthelferin *f*	Frau, die einen Arzt bei der Arbeit unterstützt
Festland *n*	große Masse von Land im Gegensatz zu einer Insel
sich umsehen	nach allen Seiten sehen

„Suchen Sie etwas?“, fragt Sven Richter, nachdem Hans und Jens ihren Bericht beendet haben.

„Wo ist Jackie?“, fragt der Hoteldirektor **anstelle** einer Antwort. Er blickt weiter angestrengt zu den Dünen.
„Sie meinen die Frau des Toten?“ Kommissar Richter öffnet wieder sein kleines, **abgegriffenes** Notizbuch.
„Nein“, antwortet Schuster. „Ich meine seinen Hund. Man erkennt ihn sofort, er ist klein, hat ein dunkelbraunes, sehr gepflegtes Fell und trägt ein kleines rotes Halsband. Jackie muss hier irgendwo sein.“

anstelle	statt, anstatt
abgegriffen	durch häufiges Anfassen abgenutzt
ϟ **genervt**	leicht verärgert
ausführlich	sehr genau, mit vielen Einzelheiten
entführen	jn. gegen seinen Willen an einen Ort bringen
Badegast *m*	Tourist, der hauptsächlich zum Schwimmen an einen Ort gekommen ist

„Warum glauben Sie, dass der Hund hier am Strand ist?“ Die Stimme des Kommissars klingt etwas **genervt**. Er ärgert sich darüber, dass der Hoteldirektor ihm nicht **ausführlich** antwortet.
„Herr Immerding ist jeden Morgen mit Jackie spazieren gegangen“, antwortet der Hoteldirektor nach einer kurzen Pause.
Der Kommissar schaut die beiden Arbeiter Jens und Hans an: „Haben Sie den Hund gesehen oder gehört?“
Die beiden Männer schütteln nur den Kopf.
„Vielleicht hat man den Hund **entführt**“, murmelt der Kommissar leise und macht sich eine Notiz. Um dieses Problem will er sich später kümmern. Jetzt gibt er den Kriminaltechnikern Anweisungen. Sie sollen nach der Spurensicherung das Opfer wegbringen und den Tatort aufräumen. Bald kommen die ersten **Badegäste** und er möchte nicht, dass

sie sich erschrecken. Hoteldirektor Schuster ist ihm dankbar für diese Entscheidung.

Gemeinsam mit dem Direktor geht der Kommissar zum Hotel. Vielleicht gibt es im Zimmer des Sängers Hinweise darauf, wer Max Immerding getötet hat.

Übung 6: Zu welcher Hunderasse gehört Jackie? Lösen Sie das Rätsel!

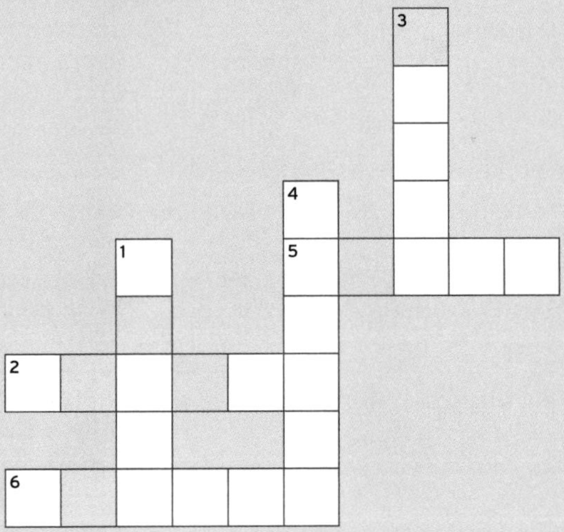

waagerecht:

2. Jemanden aus dem Schlaf holen
5. Gegenteil von rund
6. Vater und Mutter sind meine ...

senkrecht:

1. Tageszeit
3. Umgangssprachlich für „Schmutz"
4. schnelles Laufen

Lösung: _ _ _ _ _ _

3 Der Fund in den Dünen

Als Kommissar Richter im Hotel ankommt, ist die Spurensicherung schon im Zimmer von Max Immerding. Mehrere Kriminaltechniker mit weißen Schutzanzügen arbeiten in verschiedenen Ecken in dem großen, luxuriösen Raum und untersuchen jeden Millimeter nach Spuren. Alle persönlichen Dinge des Sängers liegen auf einem großen Tisch: ein Laptop, viele verschiedene Papiere, zwei Notizbücher und ein Geldbeutel. Der enthält neben ein paar Münzen und ungefähr einhundert Euro in bar auch den Ausweis des Sängers. Neben dem Geldbeutel liegt ein altmodisches Handy mit einem kleinen Bildschirm und einer Tastatur.

Schutzanzug *m*	spezielle Kleidung, die vor etwas schützen soll
luxuriös	besonders teuer ausgestattet
Note *f*	Zeichen für einen musikalischen Ton

Der Kommissar betrachtet die Sachen sehr genau. Er wundert sich darüber, dass Max Immerding ohne Geld und Mobiltelefon aus dem Zimmer gegangen ist. Dann greift er zu einer Hülle aus Plastik, in der ein weißes Blatt Papier steckt. Auf dem Blatt sind viele Linien mit Noten gezeichnet.

„Das müssen die Noten für ein neues Lied sein", meint ein älterer Kriminaltechniker, dessen graue Haare wirr vom

Halbglatze *f* auf der Hälfte des Kopfes keine Haare

Kopf abstehen. „Ich kenne nämlich alle Lieder von Max Immerding." Der Techniker seufzt, schüttelt leicht den Kopf und murmelt dann leise: „Armer Kerl!" Dann setzt er seine Arbeit fort. Kommissar Richter schaut sich das Notenblatt noch einmal an und zieht die Augenbrauen etwas zusammen. Leider ist er völlig unmusikalisch und kann die Zeichen auf dem Papier nicht lesen. Vorsichtig legt er das Blatt wieder zu den anderen Sachen und verlässt das Zimmer.

Übung 7: Lesen Sie weiter und ergänzen Sie die Endungen!

Im Eingangsbereich des Hotels, das an einigen Stellen renoviert werden müsste, kommt dem Kommissar ein sehr auffällig gekleideter Mann entgegen: Er trägt eine rot____ Jeans, ein dunkelgelb____ Hemd und ein hellrot____, dünn____ Halstuch, das lässig geknotet ist. Seine Füße stecken in braun____ Cowboystiefeln. Einen Gegensatz bilden auch die lang____ Haare mit grauen Strähnen, die bis auf die Schultern fallen. Außerdem hat der Mann eine **Halbglatze**.

Der Kommissar muss lächeln und will gerade zur Rezeption gehen, als der Mann ihn anspricht:
„Sie sind doch der Kommissar, nicht wahr? Haben Sie schon eine Spur?"

Kommissar Richter bleibt stehen: „Und wer sind Sie?“ Er sieht dem Mann, der ungefähr 35 Jahre alt ist, in die Augen. „Oh, entschuldigen Sie.“ Der Mann macht ein verlegenes Gesicht. „Mein Name ist Lutz Zacher. Ich bin Musikmanager. Ich habe die Konzerte für Max Immerding organisiert.“

hastig	eilig, unruhig
weit und breit	überall

Jetzt wird Kommissar Richter neugierig: „Das ist ja interessant. Wie haben Sie von dem Mord erfahren?“
„Ich wohne auch in diesem Hotel“, antwortet der Manager hastig und fügt dann hinzu: „Allerdings war ich über Nacht in Bremen bei meiner Freundin.“
Lutz Zachers Gesicht wird sehr traurig: „Ich bin ganz früh wieder hierher gefahren. An der Rezeption habe ich dann die furchtbare Nachricht bekommen.“
Kommissar Richter schaut den Mann von oben bis unten an. Ihm fällt auf, dass die Spitzen seiner braunen Cowboystiefel ziemlich nass sind. Aber über der Insel ist ein blauer Himmel und weit und breit ist keine Regenwolke zu sehen.
„Regnet es in Bremen?“, fragt der Kommissar.
„Nein“, antwortet Lutz Zacher erstaunt. „Wieso fragen Sie das?“
„Ihre Stiefel sind ein bisschen nass.“ Kommissar Richter zeigt nach unten auf die dunklen Spitzen der Stiefel.
„Ach so. Nein, die waren schmutzig und ich wollte sie schnell sauber machen. Ich habe wohl zu viel Wasser genommen.“
Der Kommissar wundert sich ein bisschen, dass man solche teuren Schuhe mit Wasser sauber macht. Aber der Ma-

nager scheint etwas ungewöhnlich zu sein. Laut sagt er zu ihm: „Bleiben Sie bitte in den nächsten Stunden noch im Hotel, Herr Zacher, falls ich noch Fragen an Sie habe."
„Selbstverständlich", antwortet Zacher und nickt dem Kommissar kurz zu. Dann geht er mit schnellen Schritten weiter. Kommissar Richter schaut dem Manager hinterher. Er hat das Gefühl, dass er bald noch einmal mit ihm sprechen wird.

Übung 8: **Wo kann Lutz Zacher gewesen sein? Lösen Sie das Treppenrätsel!**

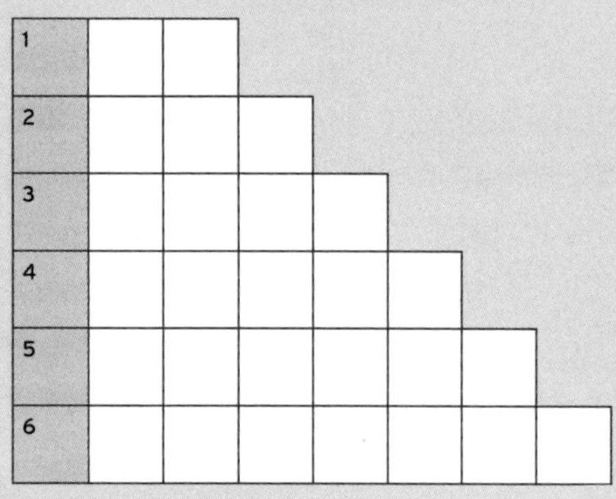

1 weibliches Personalpronomen
2 Behälter zum Kochen
3 Synonym für sprechen
4 Zeitpunkt, wenn etwas beginnt
5 Wer neben mir wohnt, ist mein ...
6 zweiter Tag der Woche

Lösung: _ _ _ _ _ _

Als der Kommissar noch einmal in das Zimmer von Max Immerding geht, beendet die Spurensicherung gerade ihre Arbeit. „Habt ihr etwas Interessantes gefunden?", fragt der Kommissar seine Kollegen. Ein großer, schlanker Polizist tippt gerade die Ergebnisse in den Laptop. Er zuckt mit den Schultern und antwortet: „Nichts, alles ist absolut sauber. In diesem Zimmer war niemand außer dem Sänger und dem **Zimmermädchen**. Es gibt auch sonst nichts Verdächtiges."

Zimmermädchen *n*	weibliche Person, die in einem Hotel die Zimmer aufräumt und putzt
sich entschließen	den Willen haben, etw. zu tun

Der Kommissar bedankt sich bei seinen Kollegen und verlässt enttäuscht das Hotel. Draußen sieht er auf seine Armbanduhr: Es ist 17 Uhr und schon später Nachmittag. Aber jetzt im Sommer bleibt es noch einige Stunden lang hell. Deshalb **entschließt sich** der Kommissar, noch einmal zum Strand zu gehen. Vielleicht bekommt er dort eine Idee oder findet etwas, das bisher übersehen wurde.

Übung 9: Lesen Sie weiter und setzen Sie die richtige Konjunktion ein!

und da das denn weil nachdem

Die meisten Touristen verlassen ihre Strandkörbe, _____ es um diese Tageszeit schon wieder kühler wird. Im Wasser, _____ am Nachmittag schon wieder ziemlich kalt ist, sind nur noch wenige Schwimmer zu sehen. Am Strand spielen und toben noch ein paar Kinder, _____ sie möchten jeden Tag ihres Urlaubs so lange wie möglich genießen. ________ sich der Kommissar am Strand umgesehen hat, geht er hinüber zu den weißen Dünen. Er läuft langsam _____ aufmerksam durch den weichen Sand. _____ es so viele Spuren gibt, kann er nichts Besonderes entdecken.

Doch plötzlich bleibt der Kommissar stehen. Ist dort etwas? Er lauscht angestrengt, aber er hört jetzt nur noch das Lachen der Kinder am Strand und die Schreie der **Möwen** am Himmel. Nach zwei Minuten ist das Geräusch wieder da. Es klingt wie ein Weinen.

Möwe *f*	ein Vogel, der am Meer lebt
jaulen	laute, traurige Töne von sich geben
Gebüsch *n*	mehrere Büsche nebeneinander

„Nein“, denkt der Kommissar und schüttelt den Kopf. „Das ist kein Kind. Das hört sich an wie das **Jaulen** eines Hundes!“

Er läuft über die Dünen und sieht sich immer wieder um. Wieder hört er das Jaulen und es klingt jetzt schon sehr nahe.

Der Kommissar nähert sich einem dichten **Gebüsch**. Er läuft um die Pflanze herum und schiebt vorsichtig ein paar Äste zur Seite. Ein kleiner Hund schaut ihn ängstlich an.

„Na, wer bist du denn?“, fragt der Kommissar leise. Aber er weiß natürlich: Dies ist Jackie, der Hund von Max Immerding. Ganz langsam beugt er sich zu dem Dackel hinunter und streckt die Hand aus.
„Hab keine Angst, ich tue dir nichts.“ Jackie bleibt ruhig liegen und lässt sich streicheln. Der Kommissar nimmt den Hund auf den Arm und macht sich auf den Weg zurück zum Strand. Als sie an der Strandbar vorbeikommen, beginnt Jackie zu zittern und leise zu knurren.

streicheln	die Hand sanft auf einem Körperteil hin und her bewegen
Lobby *f*	Eingangsbereich vom Hotel
auf jn. losgehen	jn. angreifen

Kommissar Richter bleibt stehen. Er streichelt den Hund und beruhigt ihn. Dann schaut er zur kleinen Hütte mit den Mülltonnen. Der Kommissar überlegt kurz, dann weiß er, warum Jackie sich so merkwürdig verhält.
„Jackie, ich vermute, du bist ein wichtiger Zeuge“, flüstert der Kommissar dem Hund ins Ohr. „Aber du kannst mir leider nichts erzählen.“
Er seufzt und geht dann weiter den schmalen Weg entlang zum Hotel. Alle Spuren des Verbrechens und auch das Gitter sind nicht mehr da und alles sieht wieder ruhig und friedlich aus.

Als die beiden im Hotel ankommen, lässt der Kommissar Jackie auf den Boden hinunter. In diesem Moment betritt auch Lutz Zacher die Lobby. Sofort bellt Jackie wie wild und will auf den Mann losgehen.

zurückweichen	aus Angst ein paar Schritte zurückgehen
ϟ **Klamotten** *pl*	Kleidungsstücke

Schnell packt der Kommissar den Dackel und hält ihn zurück.

„Jackie, was ist denn los! Kennst du mich nicht mehr?", ruft Zacker erschrocken und **weicht** ein paar Schritte **zurück**.

„Ich glaube, der Hund mag Sie nicht", meint Kommissar Richter und schaut den Manager kritisch an.

„Also, na ja, eigentlich", stottert Lutz Zacher. „Eigentlich mag er mich. Aber wahrscheinlich gefällt ihm eine der Farben meiner **Klamotten** nicht." Er lacht, aber dieses Lachen klingt sehr künstlich. Der Kommissar merkt, dass Lutz Zacher die ganze Situation sehr unangenehm ist.

„Was machen wir jetzt mit Jackie? Können Sie den Hund nehmen?" Der Kommissar zeigt auf den Dackel. Der hat sich hinter seinen Beinen versteckt.

„Oh, eigentlich gerne. Aber wenn Sie nichts dagegen haben, möchte ich heute Abend wieder zu meiner Freundin fahren. Und die hat Angst vor Hunden. Deshalb kann ich Jackie wirklich nicht mitnehmen."

> Es gibt folgende Tageszeiten: Nacht (ca. 23-5 Uhr), Morgen (ca. 5-10 Uhr), Vormittag (ca. 10-12 Uhr), Mittag (ca. 12-14 Uhr), Nachmittag (ca. 14-18 Uhr) und Abend (ca. 18-23 Uhr). Wichtig: Die Übergänge sind fließend!

„Dann muss ich eine andere Lösung finden." Der Kommissar verabschiedet sich von Zacher, nimmt den Hund wieder auf den Arm und geht zu seinem Auto. Jackie hat sich wieder beruhigt und sitzt brav auf dem Rücksitz, als der Kommissar zur kleinen Insel-Hauptstadt zurückfährt.

In einem ruhigen Wohnviertel am Rand der Stadt parkt Kommissar Richter sein Auto vor einem kleinen Haus. Schon am Zaun des **gepflegten** Gartens hört er einige Hunde bellen.

„Lisbeths Tierparadies" steht auf einem kleinen Schild neben dem Eingang. Es ist kein normales **Tierheim**, sondern das Wohnhaus einer älteren Dame. Sie heißt Elisabeth Maier, aber alle nennen sie nur Lisbeth. Seit vielen Jahren kümmert sie sich um **streunende** Hunde und Katzen. Die laufen überall in ihrem Haus und im Garten herum.

gepflegt	in gutem Zustand
Tierheim *n*	Ort, an dem Tiere leben, die keinen Besitzer haben
streunen	ohne Ziel umherlaufen, sich herumtreiben
Angehöriger *m*	Mitglied der Familie oder Verwandtschaft
sich erkundigen	Informationen über etw. oder jn. bekommen

„Hier geht es dir sicher gut", flüstert er Jackie zu. „Du musst bestimmt nicht lange hierbleiben."

Der Kommissar bleibt noch eine Weile, bis sich Jackie an die neue Umgebung gewöhnt hat. Dann fährt er in sein Büro. Er möchte **Angehörige** von Max Immerding suchen und sich ein bisschen genauer mit Lutz Zacher beschäftigen. Im Internet und in den Computern der Polizei kann er vielleicht interessante Informationen über den Mann finden. Und natürlich will er **sich** auch bei den Banken **erkundigen**.

4 Das letzte Lied

Nach ein paar Stunden Schlaf sitzt Kommissar Richter schon wieder früh am Morgen am Computer. Seine Kollegen sind noch nicht im Büro. Die Suche im Internet und bei verschiedenen Behörden hat keinen Erfolg gehabt. Der Kommissar ist sicher: Max Immerding hat keine Geschwister und keine anderen Angehörigen. Der kleine Hund von Max Immerding muss also bei Elisabeth Maier im Tierheim bleiben.

verschlafen sein noch müde sein

Etwas anderes überrascht den Kommissar an diesem Morgen sehr: Er hat eine E-Mail erhalten. Darin stehen nur ein Satz und eine Zahl. Aber diese Zahl ist so erstaunlich, dass der Kommissar leise durch die Zähne pfeift. Dann ruft er bei der Kriminaltechnik an.

„Müller.“ Der Mann am Telefon klingt noch sehr müde.
„Guten Morgen, Kollege Müller. Hier ist Richter von der Kriminalpolizei. Sie haben doch ein Notenblatt in Max Immerdings Zimmer gefunden, nicht wahr?“
„Ja, das stimmt“, antwortet Müller. Seine Stimme ist leise, weil er immer noch sehr **verschlafen ist**. Der Kommissar

stellt gleich die nächste Frage: „Sie haben mir gesagt, Sie kennen alle Lieder von Herrn Immerding. Aber dieses Lied kennen Sie nicht, richtig?“
„Ja, auch das ist richtig.“ Klaus Müller kann sich nicht vorstellen, was der Kommissar so früh am Morgen von ihm will.
„Sind Sie sich ganz sicher?“, fragt Kommissar Richter.

Bescheid sagen	eine Information geben

„Ja“, antwortet Dieter Müller ungeduldig. „Warum ist das denn so wichtig?“
„Ach, das ist nur eine Idee von mir. Ich danke Ihnen für Ihre Hilfe.“ Der Kommissar will gerade das Gespräch beenden, als ihm noch etwas einfällt: „Moment, Herr Müller, sind Sie noch dran?“
„Ja, Herr Kommissar“, antwortet Müller und diesmal klingt es etwas verärgert. Doch Sven Richter hat es nicht bemerkt und spricht weiter. „Haben Sie vielleicht eine Idee, wo ich mehr über das Lied herausfinden kann?“, fragt er den Kollegen.
„Hm.“ Der Kriminaltechniker überlegt ein paar Sekunden, dann meint er: „Fragen Sie Bernd Klasen von ‚Radio Nordwelle‘. Er ist ein absoluter Schlagerexperte und kann normalerweise jede Frage beantworten.“
„Danke, das mache ich!“ Der Kommissar wünscht seinem Kollegen einen schönen Tag und beendet das Gespräch. Er ist zufrieden, denn er hat jetzt eine interessante Spur. Schnell **sagt** er seinen Kollegen von der Schutzpolizei **Bescheid** und macht sich auf den Weg zu dem Radiosender.

altmodisch	nicht mehr aktuell
Ohrläppchen *n*	der untere, weiche Teil des Ohrs

Am späten Nachmittag fährt der Kommissar noch einmal zum Hotel. Er will sich ein zweites Mal mit Lutz Zacher unterhalten und ist sehr gespannt darauf, was der Manager zu den neuen Erkenntnissen sagt.

Lutz Zacher wartet schon in der Lobby des Hotels. Er ist sehr nervös. Seine Hand fühlt sich sehr feucht an, als er den Kommissar begrüßt.

Kommissar Richter und der Manager setzen sich in zwei große, etwas **altmodische** Sessel. Ein Kellner bringt zwei Tassen mit duftendem Kaffee und stellt sie auf den kleinen Tisch zwischen den Sesseln. Der Kommissar hat Jackie mitgebracht. Der kleine Hund sitzt neben seinem Sessel. Immer wieder schaut er zu Lutz Zacher und knurrt leise.

Der Kommissar nimmt ein Notizbuch aus seinem Rucksack, öffnet es und liest darin. Lutz Zacher schaut ihm dabei zu. Und wird immer nervöser. Er fasst sich immer wieder an die Nase und an die **Ohrläppchen**.

„Herr Zacher", beginnt der Kommissar endlich das Gespräch, „Sie hatten zu Herrn Immerding ein gutes Verhältnis, nicht wahr?"

„Ja, natürlich", antwortet der Manager erstaunt.

dürfen, können, mögen, müssen, sollen und *wollen* sind Modalverben. Sie werden meist mit dem Infinitiv des Vollverbs verwendet. Mit ihnen wird der Inhalt (die Modalität) einer Aussage geändert.

dürfen: Erlaubnis

können: Möglichkeit, Fähigkeit, Erlaubnis

mögen: Wunsch

müssen: Notwendigkeit

sollen: Auftrag, Empfehlung, Eventualität

wollen: Wille, Notwendigkeit

Übung 10: Lesen Sie weiter und setzen Sie das richtige Possessivpronomen ein!

seine | seiner | seinem | seine | sein | seine

„Sie waren so gute Freunde," fährt der Kommissar fort, „dass Herr Immerding Ihnen in __________ **Testament** erlaubt, alle __________ Lieder zu verwenden und damit Geld zu verdienen."

Lutz Zacher sieht den Kommissar sehr überrascht an. Auf __________ Stirn sind kleine Schweißtropfen zu sehen.

„Haben Sie __________ letztes Lied schon verkauft?", fragt Kommissar Richter und __________ Stimme klingt sehr hart.

„Welches Lied meinen Sie?", fragt Zacher. __________ Hände zittern.

Der Kommissar schaut wieder in sein Notizbuch. Dann sieht er dem Manager direkt in die Augen und sagt ganz ruhig: „Sie wissen doch sehr gut, was ich meine. Ich meine das Lied „Träume am Strand", das Herr Immerding **komponiert** hat. Wir haben die Noten in seinem Zimmer gefun-

Testament *n*	schriftliche Erklärung darüber, wer nach dem Tod das Vermögen oder andere Dinge bekommt
komponieren	ein Musikstück schreiben

Fingerabdruck *m*	Muster der Haut auf den Fingern, das man auf Gegenständen hinterlässt, wenn man sie anfasst
↯ **etw. drauf haben**	viele Fähigkeiten haben, etw. gut können
Diktiergerät *n*	kleines elektronisches Gerät, mit dem man aufnehmen kann, was gesagt wird
↯ **das Zeug zu etw. haben**	in der Lage sein, fähig sein
Aufnahme *f*	*hier*: elektronisch gespeicherte Stimme

den. Und auf dem Notenblatt sind Ihre **Fingerabdrücke**! Das bedeutet, dass Sie das Lied kennen."

„Ja, äh, ich meine, äh." Zacher stottert. Dann beruhigt er sich ein bisschen, lächelt und sagt: „Aber das Lied ist nichts wert. Max **hatte nichts mehr drauf**."

„Ich habe andere Informationen." Bei diesen Worten holt der Kommissar ein kleines Gerät aus dem Rucksack. Es ist ein **Diktiergerät**. Er stellt es auf den Tisch und drückt eine kleine Taste. Man hört die Stimme des Radiomoderators Bernd Klasen: „Das Lied **hat das Zeug** zu einem Hit. Da bin ich mir absolut sicher. Aber ist das wirklich von Max Immerding? Sein Manager hat mir vor zwei Wochen eine **Aufnahme** davon geschickt. Aber das Lied hat nicht Immerding gesungen, sondern eine junge Sängerin. Ihren Namen habe ich vergessen."

Der Kommissar schaltet das Diktiergerät wieder aus.

„Ich kann Ihnen den Namen sagen!" Kommissar Richter beugt sich etwas nach vorne. „Die Sängerin heißt Bettina Schmitz, aber sie nennt sich nur Betty. Und sie ist Ihre Freundin!"

Lutz Zacher schweigt. Der Kommissar ist noch nicht fertig: „Sie brauchen ziemlich viel Geld, Herr Zacher. Wir haben herausgefunden, dass Sie fast 50 000 Euro Schulden bei der Spielbank haben. Da kommt der Tod von Max Immerding doch genau zum richtigen Zeitpunkt, oder?“

Spielbank *f*	Spielcasino; Ort, wo man Glücksspiele machen kann
etw. zugeben	sagen, dass man etwas getan hat
Schiebetür *f*	Tür, die sich (automatisch) zur Seite öffnet
jn. anrempeln	mit der Schulter gegen jn. stoßen
zu Boden fallen	auf den Boden stürzen/fallen

Langsam nimmt der Manager die Kaffetasse in die Hand. Kommissar Richter glaubt, dass Zacher jetzt alles zugeben wird.

Doch plötzlich springt Lutz Zacher auf und schüttet dem Kommissar seinen Kaffee ins Gesicht. Im gleichen Moment rennt er zum Ausgang. In der breiten Schiebetür will gerade eine junge Frau ihren schweren, großen Koffer aufstellen, der umgefallen ist. Zacher rempelt die Frau an und sie fällt zu Boden.

Übung 11: Lesen Sie weiter und ergänzen Sie die Lücken!

Der Kommissar w__________ sich mit dem Hemdärmel den Kaffee aus dem Gesicht. Er will dem Manager folgen, doch er k__________ sich zuerst um die Frau. Zum Glück ist sie nicht v__________. Dann r__________ er aus dem Hotel und s__________ gerade noch, wie Zacher hinter den Dünen verschwindet.

Plötzlich jagt Jackie am Kommissar vorbei. Der Hund bellt laut und weiß genau, wohin er l__________ muss.

Verstärkung *f*	*hier*: Personen, die jm.bei etw. helfen
offenbar	deutlich, klar
zerren	mit Gewalt ziehen
abschütteln	etw. durch Schütteln entfernen
geübt	etw. durch Übung gut können
Griff *m*	gezielte Bewegung mit der Hand, um etw. festzuhalten

Als Kommissar Richter den Strand erreicht, hört er Jackies Bellen. Aber er kann weder den Hund noch Lutz Zacher sehen. Er fragt die Badegäste nach den beiden, aber die können ihm auch nicht weiterhelfen. Und die **Verstärkung**, die er per Telefon angefordert hat, braucht noch eine Weile, bis sie da ist. Der Kommissar flucht leise.

Doch dann sieht er am Strandende eine Gestalt. Er beginnt zu rennen. Schon bald kann er Lutz Zacher erkennen. Der Musikmanager hat **offenbar** ein Problem mit seinem rechten Bein, denn er stößt es immer wieder weg.

Als der Kommissar den Manager endlich erreicht, muss er lachen. Er sieht, welches Problem Zacher hat. Der Dackel hat das Hosenbein des Managers fest in seiner Schnauze. Er **zerrt** und zieht daran, während Zacher den Hund **abschütteln** möchte.

Der Kommissar greift ein, packt Zacher und wirft den Mann mit **geübten Griffen** auf den Boden.

„Lutz Zacher, Sie sind festgenommen!"

Als er später auf dem Polizeirevier sitzt, kann Lutz Zacher nicht mehr länger lügen. Er fängt an zu weinen und gibt dann endlich zu: „Ja, ich habe Max getötet. Ich wollte, dass er mir „Träume am Strand" schenkt. Es ist das ideale Lied für Betty. Aber Max war **stur**. Er wollte selbst noch einmal einen Hit haben. Was sollte ich tun? Ich brauche das Geld, das ich mit Bettys Karriere verdienen kann!“

stur	nicht bereit, die Meinung zu ändern
Mitleid *n*	das Gefühl, dass man einem anderen Menschen helfen oder ihn trösten möchte

Übung 12: Suchen die das Nomen, das zur Definition passt!

1. Einer der sechzig Teile einer Stunde.
   □ _ _ _ _ _
2. Großer Behälter für Kleidung. _ □ _ _ _ _
3. Dunkelbraunes Getränk, das wach macht.
   _ _ _ _ □ _
4. Ein Medium, das nur gehört wird.
   □ _ _ _ _
5. Eine Person, die man sehr gut kennt.
   _ _ _ _ _ □
6. Eine große Menge von salzigem Wasser _ _ □ _
7. Mündliche Äußerung, auf die man eine Antwort bekommt _ □ _ _ _

Lösung: _ _ _ _ _ _ _

Kommissar Richter lehnt sich in seinem Stuhl zurück und verschränkt die Arme. Er hat kein **Mitleid** mit dem Manager.

emotionslos	ohne Gefühle
Mitbewohner *m*	jd., der im selben Haus oder in derselben Wohnung wohnt
Kleingeld *n*	Münzen

„Na, ich habe da eine Idee“, meint er **emotionslos**. „Sie können das Lied mit dem Gefängnischor aufnehmen. Ihre neuen **Mitbewohner** können ein bisschen **Kleingeld** für den Start in ein neues Leben gut gebrauchen. Und Sie, Herr Zacher, bleiben ja wohl etwas länger in der neuen Wohnung.“

Abschlusstest

Lösungen

Glossar

Verzeichnis der Übungen

Abschlusstest

Der Tote im Moor

Test 1: Bringen Sie die Wörter in die richtige Reihenfolge!

1. am | Brett | Der | gelbe | hängt | Schwarzen | Zettel
2. Dieser | ist | Hand | Kollege | meine | rechte
3. bringen | Dunkel | ins | Jetzt | Licht | wir
4. Er | keine | Miene | verzieht

Test 2: Welche Antwort ist richtig? Kreuzen Sie an!

1. Dr. Häring ist ärgerlich. Im Keller brennt Licht. Wer war zuletzt im Keller?

   ❒ **a)** Eva Hansen

   ❒ **b)** Dr. Häring

2. Warum erzählt der Pfleger den Kommissaren, was passiert ist?

   ❒ **a)** Er will nicht als Einziger bestraft werden.

   ❒ **b)** Er hat nichts Böses getan.

3. Eva Hansen stellt sich vor: „Gestatten, Dr. Häring, Eva Hansen von der Polizei in München." Warum reagiert Dr. Häring fassungslos?

❒ a) Er kennt sie nur als seine Sekretärin.

❒ b) Er glaubt nicht, dass eine so gut aussehende Frau bei der Polizei arbeitet.

4. Warum muss Dr. Jasek sterben?

❒ a) Er will bei den Versuchen nicht mehr mitmachen.

❒ b) Er entdeckt, dass Dr. Häring ein Verbrecher ist.

Test 3: Ordnen Sie die richtige Vorsilbe zu!

auf be um unter ver

1. jemanden nicht ausreden lassen:

   jemanden __________brechen

2. jemandem einen Befehl geben:

   jemanden __________fordern

3. jemanden töten:

   jemanden __________bringen

4. in ein Gebäude hineingehen:

   ein Gebäude __________treten

5. etwas gut hören

   etwas__________stehen

Ein tödliches Treffen

Test 4: Lösen Sie das Kreuzworträtsel!

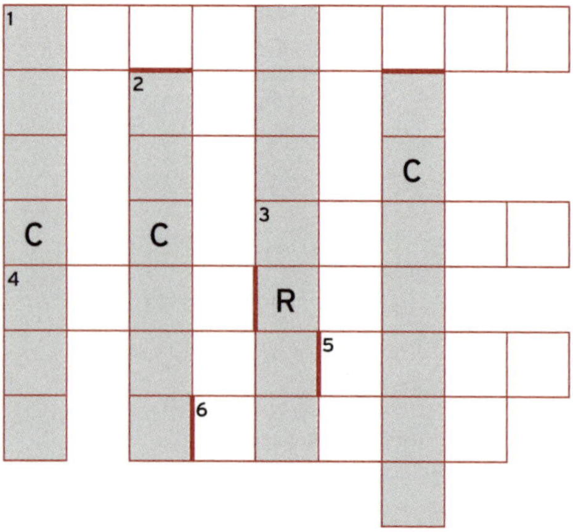

waagerecht
1. Was man damit schreibt, kann man wieder ausradieren.
2. Positiv von besser
3. still, ohne Geräusch
4. kleines, trockenes Gebäck
5. damit sieht man
6. Gegenteil von oben

senkrecht
vier Synonyme für das Verb sehen

Test 5: **Beantworten Sie die Fragen zum Text!**

1. Mit wem war Daniel am Seeufer?
2. Woher weiß Boris Tanski, dass Daniel die letzte Chatnachricht nicht selbst geschrieben hat?

3. Warum geht Cora Fassbinder in die Unibibliothek?
4. Warum ist Mira Schuld daran, dass Daniel tot ist?

Test 6: Ordnen Sie den Gegenständen die passende Definition zu!

1. ☐ Fleck	a) Menge von nicht geordneten Dingen aufeinander
2. ☐ Faust	b) eine Art Turm aus Büchern oder Papier
3. ☐ Haufen	c) fest geschossene Hand
4. ☐ Stapel	d) schmutzige Stelle

Sein letztes Lied

Test 7: Bilden Sie einen Satz, indem Sie die Wörter und Satzteile in die richtige Reihenfolge bringen!

1. Strandkörbe | Jens und Hans | stellen | auf

____

2. Kommissar Richter | auf der Insel | seit einem Jahr | arbeitet

____

3. den Hund | der Kommissar | Frau Maier | gibt

____

4. fährt | nach Bremen | Lutz Zacher | jeden Abend

____

Test 8: Welches Wort passt nicht in die Reihe?

1. laufen, rennen, hüpfen, gehen
2. sprechen, schreien, rufen, lauschen
3. sehen, verstehen, beobachten, anschauen
4. bellen, knurren, jaulen, beißen
5. lesen, arbeiten, schwimmen, spielen

Test 9: Setzen Sie den bestimmten Artikel im Nominativ, Akkusativ und Dativ ein!

1. Kommissar Richter untersucht ________ toten Max Immerding.
2. ________ Hoteldirektor kennt ________ Sänger.
3. Die Bar am Strand gehört ________ Hotel.
4. Lutz Zacher ist ________ Manager von Max Immerding und hat immer ________ Konzerte organisiert.
5. Der Kommissar stellt ________ Arbeitern viele Fragen.

Test 10: Bilden Sie das Perfekt der Verben in der 3. Person Singular!

1. schreiben ________ ____________________
2. fahren ________ ____________________
3. weinen ________ ____________________
4. öffnen ________ ____________________
5. gehen ________ ____________________

Lösungen

Der Tote im Moor

Übung 1:

A	B	C	H	T	U	P
W	A	S	S	E	R	S
I	U	T	T	I	E	N
N	M	O	O	R	G	E
D	S	L	I	H	E	T
E	T	A	H	U	N	D

Übung 2: **1.** mit **2.** bei **3.** um **4.** auf **5.** um

Übung 3: ab fort an vor auf

Übung 4: **1.** RHOEN **2.** PATIENT **3.** GESUND **4.** WAGEN **5.** KOLLEGE **6.** KLINIK **7.** PENSION **8.** STUFE
Lösungswort: HINWEISE

Übung 5: **1.** c **2.** a **3.** d **4.** b

Übung 6: **1.** Er/sie **2.** Sie/seine **3.** Sie/ihn **4.** Sie/sie

Übung 7: **1.** SEKRETAERIN **2.** STELLE **3.** LEBENSLAUF **4.** KOFFER **5.** ZUG **6.** TERMIN **7.** ERFOLG **8.** JOB

Übung 8: **1.** a **2.** a **3.** b **4.** a

Übung 9: **1.** EVA **2.** LISTE **3.** KELLER **4.** SCHLUESSEL **5.** SCHUBLADE **6.** FORSCHUNGSPROJEKT **7.** TABLETTEN Lösungswort: VERSUCHE

Übung 10: **1.** Wasser **2.** nass **3.** sehen **4.** Krankenhaus

Übung 11: **1.** SCHUPPEN **2.** VERSTECK **3.** PISTOLE **4.** SCHREIEN **5.** MORD **6.** VERHAFTEN **7.** METHODE **8.** LOESUNG

Ein tödliches Treffen

Übung 1: **1.** mit **2.** für **3.** über **4.** an **5.** von

Übung 2:

L	I	S	E	R	B	T	A	L	M
A	N	T	A	V	E	R	G	T	U
I	T	W	U	E	T	E	N	D	T
G	E	L	F	R	U	E	D	N	I
B	R	A	G	L	T	R	E	E	S
B	E	G	E	I	S	T	E	R	T
P	S	I	R	E	I	R	U	V	A
E	S	T	E	B	L	A	G	O	B
R	I	E	G	T	R	U	D	E	L
P	E	S	T	Z	U	R	E	S	H
F	R	O	E	H	L	I	C	H	K
S	T	L	U	G	I	G	Z	U	G

Übung 3: **1.** seiner/seinen **2.** ihm **3.** man/ihre **4.** dieser **5.** keinen

Übung 4: **1.** SESSEL **2.** HAUSTUER **3.** UMZIEHEN **4.** WOHNUNG **5.** ESSTISCH **6.** TREPPE **7.** FLUR

Übung 5: **1.** e **2.** a und d **3.** b und c **4.** d **5.** a

Übung 6: mühsam langsam hohen ruhig grau riesiger

Übung 7: **1.** BAHNHOF **2.** HINSETZEN **3.** LEICHT **4.** GESTERN **5.** SMARTPHONE **6.** GRAU **7.** GEBEN **8.** DUNKEL
Lösungswort: BETROGEN

Übung 8: **1.** SEMINAR **2.** STAPEL **3.** RECHNER **4.** KOMMILITONE **5.** FENSTER **6.** TRAENEN **7.** ANRUFEN

Übung 9: **1.** lustig **2.** gleichgültig **3.** vorher **4.** sich Sorgen machen um jemanden **5.** manchmal

Übung 10: **1.** STAPEL **2.** LESESAAL **3.** INFORMATION **4.** NOTIZEN **5.** BUECHER **6.** PRUEFUNG
Lösungswort: LERNEN

Übung 11: **1.** richtig **2.** falsch (Er will mit Sonja zusammenziehen.) **3.** falsch (Mira wirft das Smartphone in den See.) **4.** richtig

Sein letztes Lied

Übung 1: **1.** Urlaub **2.** Strand **3.** Wasser **4.** Sonne

Übung 2: **1.** falsch (Jens und Hans sind Arbeiter.) **2.** falsch (Die Strandkörbe bleiben stehen.) **3.** richtig **4.** richtig **5.** falsch (Jens sieht den Mann.)

Übung 3: **1.** nass **2.** kalt **3.** tief **4.** nah **5.** jung **6.** lebendig **7.** traurig
Lösung: Sänger

Übung 4: **1.** er **2.** ihm **3.** sie **4.** ihn

Übung 5: arbeitet, gefahren, parkt, aufstehen, bringt, essen

Übung 6: **waagerecht: 5.** eckig **2.** wecken **6.** Eltern
senkrecht: 1. Nacht **4.** rennen **3.** Dreck
Lösung: D A C K E L

Übung 7: rote, dunkelgelbes, hellrotes, dünnes, braunen, langen

Übung 8: **1.** sie **2.** Topf **3.** reden **4.** Anfang **5.** Nachbar **6.** Dienstag
Lösung: STRAND

Übung 9: weil, das, denn, nachdem, und, da

Übung 10: seinem, seine, seiner, sein, seine, seine

Übung 11: wischt, kümmert, verletzt, rennt, sieht, laufen

Übung 12: **1.** Minute **2.** Koffer **3.** Kaffee **4.** Radio **5.** Freund **6.** Meer **7.** Frage
Lösung: MOERDER (Mörder)

Abschlusstest

Der Tote im Moor

Test 1: **1.** Der gelbe Zettel hängt am Schwarzen Brett.
2. Dieser Kollege ist meine rechte Hand.
3. Jetzt bringen wir Licht ins Dunkel.
4. Er verzieht keine Miene.

Test 2: **1.** b **2.** a **3.** a **4.** b

Test 3: **1.** unterbrechen **2.** auffordern **3.** umbringen **4.** betreten **5.** verstehen

Ein tödliches Treffen

Test 4: **waagerecht: 1.** BLEISTIFT **2.** GUT **3.** RUHIG **4.** KEKS **5.** AUGE **6.** UNTEN
senkrecht: BLICKEN GUCKEN STARREN SCHAUEN

Test 5: **1.** Er war mit Mira Uhlstein am Seeufer.
2. Als die Nachricht geschrieben wurde, war Daniel bereits tot.
3. Sie sucht den Kommilitonen, der mit Daniel gelernt hat.
4. Sie hat keine Hilfe geholt.

Test 6: **1.** d **2.** c **3.** a **4.** b

Sein letztes Lied

Test 7: **1.** Jens und Hans stellen Strandkörbe auf. **2.** Kommissar Richter arbeitet seit einem Jahr auf der Insel. **3.** Der Kommissar gibt Frau Maier den Hund. **4.** Lutz Zacher fährt jeden Abend nach Bremen.

Test 8: **1.** hüpfen **2.** lauschen **3.** verstehen **4.** beißen **5.** arbeiten

Test 9: **1.** den **2.** der/den **3.** dem **4.** der/die **5.** den

Test 10: **1.** hat geschrieben **2.** ist gefahren **3.** hat geweint **4.** hat geöffnet **5.** ist gegangen

Glossar

ϟ = umgangssprachlich	*etw.* = etwas
f = feminin	*jd.* = jemand
m = maskulin	*jm.* = jemandem
n = neutral	*jn.* = jemanden
pl = Plural	*js.* = jemandes

abbrechen	vorzeitig beenden
abfällig	mit negativer Bewertung
abgegriffen	durch häufiges Anfassen abgenutzt
abgesperrt	so, dass niemand hinein kann
absagen	sagen, dass man nicht kommt
abschütteln	etw. durch Schütteln entfernen
Absperrband *n*	langer, schmaler Streifen aus Plastik
Abstand halten	auf eine bestimmte Entfernung zu etw. anderem achten
ahnen	vermuten, fühlen, dass etw. geschehen wird
Akte *f*	mehrere Dokumente, die zu einem Fall gehören
altmodisch	nicht mehr aktuell
Angehöriger *m*	Mitglied der Familie oder Verwandtschaft
jn. anrempeln	mit der Schulter gegen jn. stoßen

anstelle	statt, anstatt
ϟ *etw.* anstellen	etw. Dummes machen
Ärztekongress *m*	Treffen mehrerer Ärzte für Vorträge und Fachgespräche
Arzthelferin *f*	Frau, die einen Arzt bei der Arbeit unterstützt
Atome, Moleküle, Kerne	Fachbegriffe der Physik
auf dem neuesten Stand sein	aktuelles Wissen haben
aufgeregt	gespannt, nervös
aufheulen	laute, lange Geräusche von sich geben
Aufnahme *f*	*hier*: elektronisch gespeicherte Stimme
auftauchen	an einem Ort erscheinen
Augenbraue *f*	schmaler Streifen Haare über dem Auge
ausführlich	sehr genau, mit vielen Einzelheiten
außer Atem	erschöpft
Badegast *m*	Tourist, der hauptsächlich zum Schwimmen an einen Ort gekommen ist
ϟ Bärenhunger *m*	sehr großer Hunger
befördert werden	eine wichtigere, besser bezahlte Stelle bekommen
Behälter *m*	Gegenstand, in dem man etw. aufbewahren kann
sich bereit halten	so, dass man sofort reagieren kann
beschaffen	besorgen
Bescheid sagen	eine Information geben
Bescheid wissen	informiert sein
Besuchszeit *f*	offizielle Zeit, in der Kranke Besuch bekommen dürfen
Beton *m*	Material zum Bauen

betroffen gucken	durch den Gesichtsausdruck zeigen, dass man etwas traurig findet
blass	mit weißer Haut, ohne die rote Farbe des Blutes
bleich	weiß, farblos
Blick *m*	kurzes Anschauen mit den Augen
⚡ blöd	dumm
Blut *n*	rote Flüssigkeit, die durch den Körper fließt
⚡ checken	begreifen, verstehen
Datenbank *f*	System, in dem viele Informationen (hier: über Menschen) gespeichert sind
Demenz *f*	Krankheit, die vor allem das Gehirn betrifft
deuten	zeigen
Dienstmarke *f*	kleiner Gegenstand, der besonders Polizisten als Ausweis dient
Diktiergerät *n*	kleines elektronisches Gerät, mit dem man aufnehmen kann, was gesagt wird
DNS-Analyse *f*	Untersuchung kleinster menschlicher Spuren, die nur zu einem bestimmten Menschen gehören können
⚡ *etw.* drauf haben	viele Fähigkeiten haben, etw. gut können
Drogenmissbrauch *m*	verbotener Gebrauch von Stoffen, die abhängig, süchtig machen können
Du liebe Güte!	Ausruf des Erschreckens
Düne *f*	Hügel aus Sand (am Meer, in der Wüste)
düster	unangenehm dunkel
einchecken	sich anmelden (in einem Hotel, am Flughafen)
einfallslos	ohne Ideen
emotionslos	ohne Gefühle

entführen	jn. gegen seinenWillen an einen Ort bringen
sich entschließen	den Willen haben, etw. zu tun
entsetzt	sehr erschreckt
sich erkundigen	Informationen über etw. oder jn. bekommen
Ermittlung *f*	Untersuchung durch die Polizei
erwartungsvoll	mit dem Wunsch, dass eine Sache so passiert wie erhofft
erwidern	antworten, entgegnen
Etage *f*	Stockwerk, Ebene eines Gebäudes
fassungslos	verwirrt, wenn man etw. nicht glauben kann
Faust *f*	fest geschlossene Hand
Fenster *n*	*hier*: Aktionsfläche auf dem Computerbildschirm
Festland *n*	große Masse von Land im Gegensatz zu einer Insel
Fingerabdruck *m*	Muster der Haut auf den Fingern, das man auf Gegenständen hinterlässt, wenn man sie anfasst
Fleck *m*	schmutzige Stelle
Formel *f*	kurze Bezeichnung eines naturwissenschaftlichen Sachverhalts durch eine Folge von Buchstaben, Zahlen oder Worten
Fortbildung *f*	zusätzliche Ausbildung
Fortschritt *m*	positive Entwicklung
freie Bahn *f*	Weg ohne Hindernisse
Fundort *m*	Ort, an dem etw. gefunden wird
ϟ Gassi gehen	mit einem Hund spazieren gehen

Gebüsch *n*	mehrere Büsche nebeneinander
Gefängnis *n*	Gebäude, in dem Verbrecher festgehalten werden
Gefäßerkrankung *f*	Krankheit der Adern; in diesen fließt das Blut durch den Körper
geheim	nicht öffentlich, verborgen
Geländer *n*	Teil einer Treppe, an dem man sich festhalten kann
ϟ genervt	leicht verärgert
gepflegt	in gutem Zustand
gespannt sein	neugierig sein
gespenstisch	Furcht erregend
Gestalt *f*	nicht genau bestimmte Figur
geübt	etw. durch Übung gut können
Gitter *n*	Konstruktion, um Öffnungen und Wege zuzumachen
Grenze *f*	Linie, die zwei Bereiche voneinander trennt
Griff *m*	gezielte Bewegung mit der Hand, um etw. festzuhalten
gründlich	sorgfältig, genau
Halbglatze *f*	auf der Hälfte des Kopfes keine Haare
Hand vor den Mund schlagen	vor Schreck den Mund mit der Hand bedecken
Handschellen *pl*	Schloss aus Metall, das um die Handgelenke gelegt werden kann
an etw. hängen	etw. sehr mögen, etw. behalten möchten
hastig	eilig, unruhig
Haufen *m*	Menge von nicht geordneten Dingen aufeinander

Hauptsaison *f*	Abschnitt des Jahres, in dem besonders viele Touristen kommen
Herzinfarkt *m*	plötzlicher Zustand, bei dem das Herz nicht mehr richtig arbeitet
ins Spiel kommen	teilnehmen
jaulen	laute, traurige Töne von sich geben
Kalender *m*	kleines Buch mit der Liste der Tage, Wochen und Monate eines Jahres
ϟ *jn.* kalt machen	jn. töten, jn. umbringen
Kante *f*	die Stelle, an der Flächen einen Winkel bilden; hier: ganz vorne
keine Miene verziehen	keine Bewegung im Gesicht zeigen
Keller *m*	Teil eines Gebäudes, der sich unter der Erde befindet
ϟ Klamotten pl.	Kleidungsstücke
klappern	hartes Geräusch
Kleingeld *n*	Münzen
kleinlaut	leise, ohne Selbstvertrauen
Klinik *f*	Krankenhaus, Spital
kneten	etwas Weiches mit den Händen bearbeiten, z. B. einen Kuchenteig
knurren	warnende Laute von sich geben
Kombination *f*	Zusammenstellung verschiedener Dinge
komisch	*hier*: seltsam
Kommentar *m*	eigene Meinung
Kommilitone *m*	Mitstudent
Kommissar *m*	leitender Mitarbeiter der Polizei
komplex	etwas umfasst viele Gesichtspunkte
komponieren	ein Musikstück schreiben
konzentriert	sehr aufmerksam

Kriminaltechniker *m*	Polizeibeamte, die Spuren eines Verbrechens untersuchen
lauschen	sehr genau zuhören
Lebenslauf *m*	Papier, auf dem die Ausbildung und die berufliche Entwicklung beschrieben ist
Leiche *f*	Körper eines toten Menschen
leiten	lenken, Chef sein
Leitung *f*	Kabel, das Signale transportiert
Licht ins Dunkel bringen	durch Informationen etw. Unbekanntes aufklären
Lobby *f*	Eingangsbereich vom Hotel
auf jn. losgehen	jn. angreifen
sich losreißen	sich schnell losmachen
⚡ losschießen	anfangen
Lüge *f*	eine bewusst falsche Aussage
luxuriös	besonders teuer ausgestattet
Markenzeichen *n*	Zeichen, an dem man z. B. eine Firma oder ein Produkt erkennen kann
⚡ massenhaft	in sehr großer Menge vorhanden
Medikamentenlager *n*	Raum, in dem Medizin aufbewahrt wird
merkwürdig	man wundert sich, man glaubt etw. nicht, man zweifelt
⚡ Mist *m*	dumme, ärgerliche Sache
Mitbewohner *m*	jd., der im selben Haus oder in derselben Wohnung wohnt
Mitleid *n*	das Gefühl, dass man einem anderen Menschen helfen oder ihn trösten möchte
mittlerweile	in der Zwischenzeit
montieren	mehre Teile miteinander verbinden
Moor *n*	Gebiet mit sehr feuchtem, weichem Boden
Mörder *m*	Person, die jn. umgebracht, getötet hat

Möwe *f*	ein Vogel, der am Meer lebt
mühsam	mit großer Anstrengung
Mut zusprechen	ermutigen, Hoffnung geben
nervös	unruhig, nicht entspannt
ϟ nie und nimmer	niemals
Note *f*	Zeichen für einen musikalischen Ton
Notizbuch *n*	kleines Buch, in das man kurze Texte schreibt, um etwas nicht zu vergessen
Obduktion *f*	Untersuchung einer Leiche, um festzustellen, woran jd. gestorben ist
offenbar	deutlich, klar
Ohrläppchen *n*	der untere, weiche Teil des Ohrs
orientierungslos	man weiß nicht, in welche Richtung man sich bewegt
örtlich	es betrifft einen bestimmten Ort
packen	fest greifen
passen	*hier*: stimmen
Patient *m*	Person, die von einem Arzt behandelt wird
Pension *f*	kleines Hotel
Pfleger *m*	Person, die sich um kranke oder alte Menschen kümmert
Polizeirevier *n*	Gebäude der Polizei
Polizist *m*	Person, die für die Polizei arbeitet
Profil *n*	persönlicher Bereich z. B. in sozialen Netzwerken. Im Profil kann man Informationen zu sich selbst, seinen Interessen und Hobbys veröffentlichen.
Provinz *f*	Gegend auf dem Land; das Wort gebraucht man häufig abwertend
rasen	sich sehr schnell bewegen

Rasseln *n*	meist unangenehmes Geräusch, das Gegenstände aus Metall machen
rauschen	sehr gleichmäßiges Geräusch machen
rechte Hand *f*	besonders wichtiger und enger Mitarbeiter
Rechtsmedizin *f*	medizinische Abteilung, die für die Justiz arbeitet
reservieren	für jn. aufheben
Rolltreppe *f*	Treppe, die sich automatisch bewegt
Ruhestörung *f*	wenn die Ruhe gestört wird
ϟ rummachen	sich mit jm. sexuell einlassen
rundlich	ein wenig dick
Schiebetür *f*	Tür, die sich (automatisch) zur Seite öffnet
Schlafender *m*	Person, die schläft
Schlager *m*	Lied mit einfacher Melodie und einfachem Text
schleichen	sich leise, langsam und vorsichtig bewegen
Schublade *m*	Kasten, den man herausziehen kann
Schuppen *m*	kleines, einfach gebautes Gebäude
Schutzanzug *m*	spezielle Kleidung, die vor etwas schützen soll
schwankend	sich hin und her bewegend
Schwarzes Brett *n*	Tafel, an der Zettel mit Informationen aufgehängt sind
Seeufer *n*	Rand des Sees
Seminar *n*	Lehrveranstaltung an Universitäten, in der Themen gemeinsam erarbeitet werden
seufzend	laut und voll Sorge atmend
sorgenvoll	voll Sorge, Unruhe, Angst
spät dran	fast zu spät, gerade noch pünktlich

speichern	in einem Computer oder Handy aufbewahren
Spielbank *f*	Spielcasino; Ort, wo man Glücksspiele machen kann
Sprechblase *f*	gezeichnetes Element, besonders in Comics, wobei eine Linie eine Äußerung umschließt
Spur *f*	sichtbare Veränderung, die zeigt, dass jd. oder etw. an einem Ort war
Spurensicherung *f*	Abteilung der Polizei, die Spuren findet, untersucht und dokumentiert
spurlos	ohne eine Spur
Stapel *m*	eine Art Turm aus Büchern oder Papier
stapfen	auf weichem Boden (Schnee, Sand) gehen
starren	lange auf eine Stelle, in eine Richtung blicken
Stellenausschreibung *f*	Angebot für eine Arbeitsstelle
stemmen	*hier*: die Hände an die Hüften legen, die Ellbogen zeigen nach außen
stöhnen	mit einem Laut ausatmen
streicheln	die Hand sanft auf einem Körperteil hin und her bewegen
Streifenpolizist *m*	Polizist in Uniform
streunen	ohne Ziel umherlaufen, sich herumt-reiben
Stufe *f*	Teil einer Treppe, auf den man tritt
Stuhllehne *f*	oberer Teil eines Stuhls, an dem man seinen Rücken abstützen kann
stur	nicht bereit, die Meinung zu ändern
stürmisch	Wetter mit sehr viel starkem Wind

Suchmaschine *f*	Angebot, das verschiedene Internetseiten nach bestimmten Merkmalen durchsucht
System *n*	Ordnung, Methode, nach der etwas organisiert ist
Tablette *f*	Medikament in Form einer kleinen Scheibe, Pille
Tastatur *f*	Tasten eines Computers
Telefongesellschaft *f*	Firma, mit der man einen Vertrag abschließt, um telefonieren zu können
Terrasse *f*	Platz im Freien, auf dem man sitzen kann
Testament *n*	schriftliche Erklärung darüber, wer nach dem Tod das Vermögen oder andere Dinge bekommt
Tierheim *n*	Ort, an dem Tiere leben, die keinen Besitzer haben
Türklinke *f*	Griff an der Tür
Türrahmen *m*	Teil der Wand, an dem die Tür befestigt ist
überlassen	jn. etw. tun lassen
etw., jn. übersehen	etw., jn. nicht sehen, nicht wahrnehmen
überwachen	kontrollieren
jn. umbringen	jn. töten
Um Gottes Willen!	Ausruf des Erschreckens
umfahren	gegen etwas fahren, sodass es fällt
sich umsehen	nach allen Seiten sehen
umsteigen	den Zug wechseln
unberührt	der Mensch hat nicht eingegriffen
ungeduldig	ohne Geduld, man will nicht warten
unheimlich	es ruft ein unbestimmtes Gefühl der Furcht hervor
Urkunde *f*	Dokument, mit dem etw. bestätigt wird

verbluten	sterben, weil man zu viel Blut verliert
verbringen	eine bestimmte Zeit an einem Ort sein
verdächtig	eine Person oder ein Gegenstand hat vielleicht etw. mit dem Fall zu tun
jn. verhaften	jn. festnehmen
verkleiden	durch bestimmte Kleidung wie eine andere Person erscheinen
verlegen	etwas ist einem peinlich
Vermisstenstelle *f*	Abteilung der Polizei, die verschwundene Personen sucht
vernichten	völlig zerstören
Verräter *m*	Person, die getäuscht oder betrogen hat
ϟ verrückt sein nach	etwas sehr gern mögen
verschlafen sein	noch müde sein
verschränken	gekreuzt zusammenlegen
jn. versetzen	jn. von einem Ort zu einem anderen schicken, um dort zu arbeiten
versinken	untergehen (z. B. im Wasser)
Verstärkung *f*	*hier*: Personen, die jm. bei etw. helfen
Versteck *n*	Ort, an dem jd. oder etw. nicht gefunden werden soll
verwischen	so machen, dass man es nicht mehr erkennen kann
Visite *f*	Besuch eines Arztes bei den Kranken im Krankenhaus
Visitenkarte *f*	kleine Karte mit Namen und Adresse
vorbeirauschen	schnell vorbeiziehen
Vorhängeschloss *n*	Schloss mit einem gebogenen Metallhaken
Vorlesungstermin *m*	Zeitpunkt, zu dem ein wissenschaftlicher Vortrag an der Universität stattfindet

Vorstellungsgespräch *n*	Gespräch zwischen einem Arbeitgeber und jm., der sich für eine Arbeitsstelle interessiert
weit und breit	überall
Wimper *f*	kurzes Haar am Rand des Augenlides
wirken	einen bestimmten Eindruck machen
Wunde *f*	Verletzung der Haut
zerren	mit Gewalt ziehen
↯ *das* Zeug zu etw. haben	in der Lage sein, fähig sein
Zeuge *m*	Person, die (bei einem Verbrechen) etw. gesehen oder gehört hat
Zimmermädchen *n*	weibliche Person, die in einem Hotel die Zimmer aufräumt und putzt
zögern	etw. nicht tun, weil man unsicher ist
zögernd	nicht entschlossen, man wartet mit einer Handlung
zornig	wütend
zu Boden fallen	auf den Boden stürzen/fallen
etw. zugeben	sagen, dass man etwas getan hat
zurückweichen	aus Angst ein paar Schritte zurückgehen
sich zurückziehen	weggehen, weil man Ruhe haben will
zusammenziehen	umziehen, die Wohnung wechseln, um gemeinsam in einer Wohnung zu leben
zusammenzucken	eine plötzliche, heftige Bewegung Machen
sich zuwenden	sich in die Richtung von etw. oder jn. drehen

Verzeichnis der Übungen